成长中的教育家

锁定"问题"
——打造理想班集体

季明莉　张晓征◎著

吉林大学出版社

·长春·

图书在版编目（CIP）数据

锁定"问题"：打造理想班集体 / 季明莉，张晓征著. -- 长春：吉林大学出版社，2025.1. --（成长中的教育家 / 姜晓波主编）. -- ISBN 978-7-5768-4432-0

Ⅰ. G632.421

中国国家版本馆CIP数据核字第2024FQ9738号

书　　名	锁定"问题"——打造理想班集体 SUODING "WENTI"——DAZAO LIXIANG BANJITI
作　　者	季明莉　张晓征
策划编辑	朱进
责任编辑	朱进
责任校对	周春梅
装帧设计	王强
出版发行	吉林大学出版社
社　　址	长春市人民大街4059号
邮政编码	130021
发行电话	0431-89580036/58
网　　址	http://www.jlup.com.cn
电子邮箱	jldxcbs@sina.com
印　　刷	三河市龙大印装有限公司
开　　本	787mm×1092mm　　1/16
印　　张	12.5
字　　数	200千字
版　　次	2025年3月　第1版
印　　次	2025年3月　第1次
书　　号	ISBN 978-7-5768-4432-0
定　　价	78.00元

版权所有　翻印必究

序 我有一面"问题"墙

每个班主任都有被"问题"击倒的那个瞬间。

在带班之初,仅凭着一腔热血和满满的干劲儿是远远不够的,随着时间的推移,班级问题就像雨后春笋般地冒出来,总叫人应接不暇:花大力气打造的班干部团队被举报出现了徇私舞弊的情况,跟班干部培训时讲到克己奉公的大道理在考核分数面前也变得不值一提;策划的各种班级活动好像只能换得学生在课堂上的积极主动,落实在日常的学习生活中却总是推进不下去;针对例如迟到、不交作业、在厕所里大声喊叫等常规问题进行多次批评教育后,仍旧会有学生故技重施,在班主任的"雷点"上疯狂试探……仿佛有限的教育时间都用在了无限的问题整改上,且等着问题被发现后再下大力气进行修补,也大有些"亡羊补牢"的意思。

这些被发现的问题便如同白蚁筑巢般啃食班集体的凝聚力和班主任的耐心与信心,虽然有心填补,但却也时刻面临分崩离析的风险。

作为一名承担班主任管理工作的副校长和一名一线班主任,我和晓征老师每天仍旧在和这些"问题"打交道,却乐此不疲。

唯一不同的,是在大部分的老师选择在问题暴露后追在问题后面着急忙慌地补救问题时,我们选择了在问题没暴露出来之前预设问题跑在问题的前面冷静沉着地消弭问题可能会带来的影响。

在晓征老师最开始带班的时候,她的办公桌前的墙壁上始终贴着一排彩色便利贴,上面有近期发生并亟待整改的问题,更多的是即将发生所以提前预设的问题,例如班级最近出现了骂脏话的行为;考试后可能会出现浮躁情绪;最近教室里下课后分贝比较高,可能会发生学生争吵的风险……这面"问题墙"在后来她的班级管理中始终扮演着最重要的角色。

这样做的好处便是:提前预设可能会出现的问题,并着手解决,早做准备,从而规避了很多可能引发的新问题。

例如,在其他班级还在处理男女生早恋的棘手问题时,晓征老师便可早早地发现了孩子们关注点的偏差，于是通过主题班会的形式，引导学生放大并追寻心仪对象身上的美好特质，孩子们学会了情感转化的方法，尊重且客观看待自己的情感，班级里真就再没出现过早恋的问题。

而且，对问题的预设，真正地放大了每一项活动的意义。

例如：对于孩子们期待的足球赛，提前预设失败或成功两个结果，并针对这两个结果提前研究做好预案。于是，当孩子们因为失败而垂头丧气时，晓征老师在安抚完他们的情绪后，带领队员去真诚地向对手表示祝贺，并在赛后和他们分享"梅西和C罗"的故事，引导他们树立"竞争与合作"的意识；当孩子们因为赢球而欢呼雀跃时，可以先叫停庆祝引导他们感谢对手，然后带着他们去远一点的地方，让孩子们释放自己的开心，待情绪稳定后和他们谈"低调""尊重"，并真诚地表达老师为他们"努力""汗水"换来的成功而感到"骄傲"。

通过一次次的活动积累，班主任和班级学生们牢固树立起情感联结，更加方便后续每一次活动的顺利开展推行。

真的开始寻找问题就会发现，班级管理可能会遇到的问题远比你看到听到的要多，同样这些问题的解决方法也远比你看到听到的要多。

例如，同样是针对学生撒谎说作业忘在家里的问题，同一楼层四位班主任的处理方式完全不一样，有责令让家长送来的、有训斥批评的，而晓征老师的做法是将这一行为和没完成作业的同学归为一类补写作业，之后和他们讲明整理归纳的重要性，并表明态度他们要为自己的言行负责，不能让家长替他们整理归纳差的坏习惯背锅，当时只觉得自己做得滴水不漏，后来同类问题却仍旧频频发生。而同楼层另一位班主任则是带领撒谎学生回家找作业，撒谎学生回家后找不到作业只能放弃辩解，承认自己的错误，这位班主任回到班级里和全体学生阐明自己的立场，他们班级的学生被班主任的行动力折服，自此再不敢在作业问题上找借口，所以再遇到此类问题，晓征老师也改变了处理策略，效果自然也是非常理想。

因此，很多班主任老师都在抱怨一个问题反反复复地发生，久而久之也被磨没了热情和耐心……可反过来想，如果灭火器的喷射口对准火焰的中部或上部，灭火剂无法直接作用于火源的根部，这样会导致灭火剂的浪费，并且可能无法有效控制火势，火焰的根部是火源最集中的地方，直接对准根部喷射可以迅速切断火源，达到最佳的灭火效果，其实每个问题都有解决它的多种方案，这里面有高效的，也有低效的，而我们在本书中记录下的，就是针对班级管理工作中较为常见的问题实践出的"最优解"。

本书共分四章，做简要介绍如下：

第一部分"星火班成立全记录"锁定新班级成立时会遇到的种种问题，通过叙事方式记录处理过程：通过创建主题教室和班级周报，打造外显和内隐性班级文化；多边协同，建设班委会、合作小组、班级管理员三支有力的班级管理学生团队和一支凝心聚力的班级协调组教师队伍；利用活动提升学生的集体认同感，从"心"出发，迈出组建"理想班集体"第一步。

第二部分"日常管理找问题"聚焦在新班级成立之后的常规管理工作，瞄准早读低效、作业质量不佳、班级规矩意识淡薄、课堂状态低迷、阅读习惯较弱、错题本敷衍应付、考前考后状态调整等七个角度，给出行之有效的解决方案，推动"理想班集体"实现正常运转。

第三部分"自我提升引问题"则是在班级能够稳定运行后，对学生思维品质、行为能力的培养进行深度思考，提出更有价值的问题，引导学生通过班级活动发现自己的"舒适区"，打破重塑自我，从而进入更高一级的"最近发展区"。借助学生的自我成长带动整个班集体的成长，这一部分是学生从被动思考走向主动思考的关键步骤，也是打造"理想班集体"最关键的环节。

第四部分瞄准班级管理中可能遇到的特殊问题，例如学生的厌学心理、早恋行为、手机成瘾现象、网络骂战等进行研讨，分享一些实际可操作的方法，为打造"理想班集体"添砖加瓦。

希望这本书能带给广大一线班主任们一些具体可操作的方法指导，更重要的是希望这本书中的文字能带来满满的教育能量，希望老师们始终保持积极主动的心态，锁定每一个班级管理工作中遇到的"问题"，打造出属于自己的"理想班集体"。

目 录

第一章　星火班成立全记录 ··· 1
 第一节　入校第一课，打造主题教室 ································ 1
 第二节　一份班级周报——塑造有灵魂的班级 ······················· 4
 第三节　多边协同建团队——组建班委会 ···························· 9
 第四节　多边协同建团队——小组合作 ······························ 16
 第五节　多边协同建团队——人人都是班干部 ······················· 22
 第六节　利用活动提升集体认同——户外主题班会 ·················· 27
 第七节　打造班级协调组——与任课老师合作的误区与对策 ··· 35

第二章　日常管理找问题 ··· 42
 第一节　一日之计在于晨——早读时间利用 ························ 42
 第二节　瞄准作业质量，让改变真实发生 ···························· 45
 第三节　如何制定一份有效班规 ·································· 49
 第四节　拆解课堂——专注力训练月 ······························ 56
 第五节　拆解课堂——记忆力训练月 ······························ 63
 第六节　打造自主高效自习课 ···································· 67
 第七节　养成阅读习惯——收集一生的财富 ························ 71
 第八节　正确对待"错题本" ······································ 77
 第九节　打好考试这场仗之考前"心理仗" ·························· 81
 第十节　打好考试这场仗之考后"反思仗" ·························· 88

第三章　自我提升引问题 ··· 93
 第一节　不当45°青年——拒绝假努力，学会真自律 ·············· 93

第二节　以卓越致青春——班级培优全记录 …………………… 98
　第三节　让"自省"真实发生——星火日记撰写 ……………… 105
　第四节　成功,是长期主义者的礼物 …………………………… 109
　第五节　学会独处——人生的必修课 …………………………… 112
　第六节　高山低谷——挫折教育主题班会 ……………………… 117
　第七节　成长礼——记录一次舞台剧活动的组织 ……………… 123
　第八节　感受"时间"的力量 …………………………………… 125
　第九节　巧用"标签效应",做好正向评价 …………………… 129

第四章　特殊问题处理 ………………………………………………… 134
　第一节　你是真的"厌学"吗?——我和小叶的心理诊疗故事 … 134
　第二节　"早恋"这件小事儿 …………………………………… 137
　第三节　一场网络骂战引发的主题班会 ………………………… 144
　第四节　和"手机"瘾君子斗智斗勇的故事 …………………… 148
　第五节　学会勇敢表达——致敬每一位站上讲台的你 ………… 156
　第六节　3.7女神节——一场别开生面的特质拍卖会 ………… 160
　第七节　少年当如太阳——记一次男生主题班会 ……………… 163
　第八节　纸飞机行动——一次考试前的解压活动 ……………… 167
　第九节　学困生转化——我和"四大金刚"的故事 …………… 171
　第十节　开一次全是爸爸参加的家长会 ………………………… 176
　第十一节　给父母一点"安全感"——如何爱自己的父母主题
　　　　　　班会 ……………………………………………………… 182

参考文献 ………………………………………………………………… 187

第一章 星火班成立全记录

第一节 入校第一课，打造主题教室

我入职的第一年教过一门叫作"茶文化"的校本课程，印象最深刻的是在《乌龙茶》一课中教学生乌龙茶制作过程中的"摇青与晾青"工序，简单说来，就是通过反复的摇青和晾青，使叶片边缘摩擦氧化，而乌龙茶的品质和香味也是在这一步得以形成的。

我们的学生，恰如这新采摘的茶叶，若要最后"苦尽甘来"，必须要在所处环境中反复"摩擦"，不断"渗透"，而这样的班级教育环境必将起到长效育人的作用。

基于以上思考，我在接手第二届学生时，对所在班级环境进行了主题打造。

苏霍姆林斯基说："要使学校的每一面墙壁说话，发挥出人们期望的教育功能。"（徐卫，2020）教室里的墙壁、黑板、角落等都属于教室空间的一部分，是班级显性环境的重要载体。一间教室的教育功能是有限的，要想真正发挥教室这个有限空间的无限教育功能，对于其中的每一面墙、每一个角落都应该赋予更多的教育意义。

我们的班级是"星火班"，学生报道的第一天，我给每个人桌上放了一张个人信息填报表，等待学生到位的过程中又逐一看了孩子们填写的信息，学生到齐后，我再进行了简短的自我介绍后，说明了这个班级名字的由来：

从大家递交上来的信息来看我已经大体认识了咱们班的同学，我才发现，咱们原来是个卧虎藏龙的宝藏班集体啊！像小Z同学是篮球专业运动员，1000米能跑进3分15秒，小L同学多次在拉丁舞比赛中取得过优异名次，小K同学的绘画作品我去市图书馆的时候还曾经欣赏过……这些有一技之长的孩子们一定具备了自信、大方的美好品质；再者，还有多名同学写到了自己在小学阶段曾担任过班级干部，能够协助老师进行班级各项事务的管理，他们一定是负责且公平公正的；另外，老师还看到了这位女生从一进入教室就低头认真填写表格，老师非常欣赏你认真做事的这股劲头！这位男生能够热情地跟周边第一次见面的同学分享自己填写的单子，我猜你一定是个友善可爱的男孩子！所以，咱们班的同学每个人都是一颗拥有美好品质的闪亮星星，当我们聚在这间教室里，就会爆发出熊熊的火焰。老师希望，这束火焰可以永远是正能量的：当班级同学陷入迷途，它能照亮前路；当前路偶有荆棘，它能烧尽坎坷助你们一路同行；当你最后注定要脱离这束火焰去未尽旅程，也希望你从这束火焰中汲取满满能量，成为更加优秀的那颗星星，再去组成更大更明亮的火焰，把正能量源源不断地传递下去……基于这个构想，取"聚是一团火，散是满天星"之意，咱们的班级就叫作星火班吧！

下面的同学们认真听着，升入初中的第一天就被肯定，且通过我的描述让学生了解到这一主题的内涵，发自内心地认可所在班级，并认识到自己之于这个班级的重要作用，为后续主题班级的打造奠定了基础。

第一个周，我和四个大组推选出的"艺术总监"们一起考察了整间教室，除去固定进行小组考核的墙体和侧墙看板，可供发挥的地方并不多，我们对这些区域进行了划分，分出了固定展示区——就着我想要表达的班级精神进行设计且学期内不变动，和动态展示区——根据每周学校、班级层面推进的各种活动主题的变化而变化。

下面介绍几个我们班的特色展示区。

1. 教室门所在一侧凸出了两块墙体，纵向贴着四幅书法作品，分别为"根植于内心的修养""无需提醒的自觉""以约束为前提的自由"和"为别人着想的善良"，这是小说《人世间》的作家梁晓声对文化的四句解读，从一个全面的文化视角，让我们理解到文化不仅仅是外在的表现，更是内在修养和自我约束的体现，让学生更好地理解如何通过自我提升和实践来丰富自己的文化内涵，同时也为社会做出积极的贡献。这四句话也是我们班级在初一时班委会敲定的班级目标，所以，便让班委会中会书法的同学写了，贴在最醒目的位置。

2. 我网购了一块红色KT板，上面用复古字体印着"聚是一团火，散是满天星"粘贴到侧墙后看板的正中间，学生们把个人照片附在五角星形状的彩卡上粘贴在KT板的周围，组成了一架火炬。

旁边还有一处空位置，用作榜样人物介绍，榜样人物的选择要能体现"星火"精神，因为那一年《觉醒年代》作为大热剧，经常霸榜热搜，所以我们第一期的榜样人物就选择了为革命事业团结一心的主角团先生队伍们。

因为后墙满满都是人物，所以经常会被来听课的老师戏称为"穿越墙"，我也经常指着后墙跟学生们说：这些伟大的先锋们用身躯替我们扫清了一切荆棘，那就让我们替这些伟人们多看看这美好的人间，走未走完的强国之路。

3. 教室前面黑板的右侧有上一个班级留下的一些胶痕，铲又铲不掉，非常不美观，班长R说每每上课抬头不小心瞥到了都觉得心里乱糟糟的，于是我又网购了一块白色遮挡布，上书"自律及自由——世界上最好的保鲜就是不断进步，让自己成为一个更好和更值得爱的人。"班委会们说这样再抬眼瞥见就会充满干劲儿，继续投入所做的事情当中去。

4. 后黑板除了学校布置的命题黑板报外，我还开辟出了几块班级的"自留地"，一块"班级热搜榜"展示班级的重要事件和老师布置的活动赛事等；一块"梦想纸飞机"是学生们写给未来自己的信，这些信纸折叠成的纸飞机就放飞在后黑板的最顶端，也是我对学生们展翅高飞的美好期冀；还有一块"习惯提升计划"是针对每个月我们班侧重进行的某种习惯养成行动进行展示的位置，例如阅读习惯的培养月我们会展示学生们的优秀读书笔记，书写习惯的培养月展示学生们的试卷书写、作文卷面，运动习惯的培养月展示每个学生们体测的六边形能力分布图并实时记录垂直变化情况……

5. "星火"也可意指微小的火苗，如薛能的诗句："冰霜谷口晨樵远，星火炉边夜坐寒。"这里的"星火"一词象征着寒冷夜晚的一丝温暖，结合我的理解便是让学生即便身处逆境，想到星火班，便能燃起希望之火，自信之火，所以，如果你进到星火班，一定会关注到我们教室后侧的特色角落：角落的墙上粘贴着一个名为"心灵树洞"的信箱，这是我们心理健康教育的场所，在这个信箱里，我们曾经进行过新年祝福明信片互换活动；进行过"我想对你说声'对不起'"匿名信笺传递的友情班会活动；日常它也担任着班级不文明行为举报或者优秀行为夸夸桶的作用，每当我在班会上拿钥匙把它打开的时候，都是全班学生最兴奋的时刻……

总之，打造一间主题教室其实质就是师生共同书写一间教室的成长故事，通过这一活动，形成属于我们自己班级特质的教室文化，并在未来的每一天，不断地发挥着它潜移默化的育人效果。

第二节　一份班级周报
　　　　——塑造有灵魂的班级

不知道大家听没听过一句话"教育具有延时性"，很多老师在先前做的教育工作都会在若干年后的特定场合精准击中学生，实现教育的闭环。

回想我的初中时代，曾经遇到过一位非常严厉的语文老师，时至今日有很多事情已经记不清，只记得她让我们每天晚上坚持做作业以外的一件事儿——摘抄一段文章的开头、结尾，或是写得特别好的文段，并把它背诵熟练。初中的我不理解老师的做法，只觉得这件事让我非常痛苦，记忆里初一初二的每个晚上都是在抱着作文书绞尽脑汁选文段，对着摘抄本一遍遍背诵中度过的。

真正感受到教育的延时性，是我初四那年，写到一篇关于美食的记叙文，看到题目的一瞬间，脑子里涌入了大量的文段和词句，仿佛如有神助般地写完作文，也成功拿到了高分，并作为范文进行了传阅，而后很多次写作文的时候我都有这种感觉。那个时候，那位严厉的语文老师已经不教我们了，新的语文老师也没有提过这个要求，但我依旧坚持做摘抄并背诵下来，初中结束的时候，我拥有了四本厚厚的摘抄本和满满一沓范本作文，这也给了我在语文学习上极大的自信。

所以，在我成为班主任后，马上对班里学生们的语文作文学习提出和我的老师一样的要求，看着学生和我当年一样痛苦扭曲的表情，不禁畅想起他们一段时间后语文作文成绩稳步攀升的喜悦。可一段时间后第一次语文摸底测试，现实却给我泼了一大盆冷水，孩子们的成绩垫底，作文分数更是不忍直视……

在翻阅了孩子们的作文，又了解了几个孩子居家的摘抄落实情况后，我找到了问题的原因——我忽略了学情，对现在的孩子们不能做简单粗暴的要求，要让其明确理解这样做的好处，并在不长的时间内品尝到这样做的"甜头"，促使其进一步努力去做这件事儿。

那怎样才能制造"甜头"给我的孩子们以刺激呢？我开始基于班级主题，着手制造了一份专属于星火班学生的语文作文奖励——《星火周报》应运而生。

一、作文报初尝试

我们班级每天会有作文小练笔，每周会有一篇大作文，而这些都可以作为入选的篇目。

在我刚刚公布这件事儿的时候，班级里的学生态度差别很大：有的孩子非常感兴趣，每天拿着日记或者练笔去给语文老师看能否有幸被选入班级周报；有的孩子则依旧处于观望态度，不主动不拒绝；还有的孩子觉得反正自己的作文成绩不理想，这件事儿跟自己也没什么关系……这些情绪都是被允许的。

但我一定会和学生进行沟通，那些因成绩落后而兴致不高的孩子和持观望态度的孩子，我会鼓励他们从小练笔入手，打磨每一个文段，直到达成入选星火周报的标准；那些作文一直被当作范本的孩子，则对其提出更高的要求，例如，提高书写标准、增加细节描写、可以更多地尝试一些像传统文化这类较难写的素材。

每周四的下午，我都会去找语文老师一起挑选出优秀的大作文及小练笔，作文水平距前一阶段有明显进步的孩子，是我们考虑登报的首选。

在敲定了选文后，当晚就收到了所有孩子们的电子版文章，于是马上排版配图彩印，确保第一份《星火周报》能准时在周五早上和孩子们见面。

我们班门口的走廊里有两块刊板，早读时候，我在其中一块的左右两侧顶端安了两颗图钉，中间架起了一根麻绳，把《星火周报》用小夹子夹在了上面。一下课，有几个眼尖的男生就发现门口刊板的变化并回到教室"通风报信"。很快，教室门口就聚集了一堆学生，看着那些登报孩子们表现出来的自豪，和没被刊登孩子眼神中流淌出的羡慕，我觉得，制造"奖励"这事儿成了!

果真如我预期的那样,语文老师跟我反馈,孩子们的写作热情高涨,为了达到登报的条件也开始主动积累好词好句好文段,第二期、第三期报纸刊登文章的质量也越来越高,从班级门口路过的同学、老师都忍不住停下来看一看。

后来,同楼层的几个班级也模仿《星火周报》推出了自己的作文报,也陆陆续续取得了一些成效,这是一次让我尝到甜头的成功尝试。

不过,孩子们的热情来的快去的也快,单一刊登作文的《星火周报》并不能很好地吸引年幼活泼学生们的兴趣,虽然坚持提升写作水平的约定依旧在坚持,但我想,我是要开辟一些全新的版面了。

二、做有班级特色的报纸

增加什么版面?每一个课间我都会坐进教室里找灵感,突然我的目光落到了后黑板上的"班级热搜"上,这不就是最能体现班级特色的内容吗?而且用这种方法来把评价前置,让学生知道我要干什么,就一定会好好表现。

于是我马上排版,并在周一的班会课上宣布:咱们的《星火周报》要新增一块版面——"班级热搜周榜",专门记录这周内发生的重要好人好事、进步同学、问题反馈、改进情况等。话音刚落,学生的声音、行为又开始出卖他们的想法——从几个男同学痛苦不堪的表情来看,他们不想留下黑历史,只能好好表现少犯错误;更多的同学表现得非常开心,希望自己能够喜提热搜红榜。还有负责撰写后黑板班级热搜的小Y同学,更是挺直了腰板儿,欣喜地接下了这个重要任务。

当然,我跟小Y同学也进行了前期沟通,告诉她这份报纸是对外宣传班级的窗口,体现班级近期问题的黑榜可以有,但尽可能通过一定方式积极在这个问题有变好趋势的时候将其登报。

同时,这件事也倒逼我积极解决问题,小Y在后黑板写每日热搜的时候我都会等在那里,看哪些孩子上了黑榜,马上谈话争取第二天撤下热搜;哪些孩子上了红榜,我也会第一时间大力表扬,深化热搜带给他们的积极影响。

下面是我们班《星火周报》刊登的几次【班级热搜周榜】栏目内容:

红榜：

1. 教室惊现大量飞蚁，张老师和W同学戴口罩深入一线灭虫，致敬，最美逆行者！

2. 数学一道题用5种方法求解，烧脑行为，必须给Z同学加鸡腿！

3. 敢于向不文明行为说"不"，H同学大声呵斥，成功拦截"污言秽语"。

4. 号外！张老师于周二召开组长会，组长Z激情开麦，怒怼不文明行为。

5. 削发明志？X同学剪去遮挡视线的厚刘海儿，寸头帅爆了！

黑榜：

1. 惊，小L同学因一天制造半桶垃圾喜提垃圾桶周边一日游，第二天卫生改善明显。

2. 地震了？No，原来是赵同学的脚步声！请大家轻手轻脚，做文明学生。

3. L同学又炸毛，一言不合就咆哮？调节情绪很重要。

4. 课代表必备技能——辨字查人？作业一下发请马上写好名，减轻老师班干负担！

5. 从一堆绿豆中快速找出一颗绿豆？这和从不用红笔改错的H同学卷子上找出老师让记的笔记一样难。

还有一些公告类，让家长了解我们都做了哪些工作：

1. 拿什么拯救你，我的同桌！"找问题"主题班会如期召开。

2. 星火男神女神选拔赛将于下周一召开，谁是最"美"，马上见分晓！

3. 午餐搭配碳水炸弹？张老师召开营养搭配微班会。

4. 作业漂流活动将在下周举办，同学们，你们准备好了吗？

5. "最美书房"评选进入倒计时，同学们快快投出你宝贵的一票！

《星火周报》还有一块版面是机动的，每个周根据不同主题，就会有相应的内容登报。例如，我曾经搞过一次家长主题的"家长说"版块，划分它是因为当时临近期末，好多孩子跟家长的关系剑拔弩张，急需调和，而我也始终相信文字的力量更能实现润物细无声的渗透。

我先是在家长群发了一段话：

临近期末，最近听说了很多孩子和家长之间关系僵化的种种，甚至还有家长打电话来向我哭诉孩子对自己施加"冷暴力"，实在令人寒心。

不过回头细想，有时候我们也要思考可能是我们的焦虑间接地传递给了孩子？期末时期的孩子跟日常的孩子大约是不同"物种"，大部分时候，孩子们面对考试都是怀揣对取得成功的渴望的，这种渴望有多大，紧张就有多大，在紧张的情绪牵绊下，孩子更需要安静的陪伴和有效的参与。

现面向全体家长们征集想说的话，建议大家基于对孩子的理解，多讲一讲孩子做的好的具体小事儿，让孩子们知道家长在关心我关注我，可以适当地提提要求和建议，但不要过多，给孩子们加油打气，相信看到孩子们看到您的留言，一定会干劲儿满满！

有很多家长在孩子那里得不到开口的机会，这便给他们一个沟通的渠道。同时，在快节奏的生活下，上班族的父母可能也已经淡忘了如何去和孩子有效的沟通，表达爱，而我站在第三方提醒家长怎样说话才能被孩子更好地接受，为的是后续帮助家庭之间能够实现更加顺畅的沟通。

当然对于孩子们的无礼行为，也是需要严肃指出并加以引导的，这是我在家长说版块前写的一段话：

我亲爱的孩子们，老师曾经看过这样一句话："深入到骨子里的教养，是不对亲近的人发脾气。"可现实往往是，我们面对父母的时候毫无顾忌，什么话都说得出口，但是面对陌生人和朋友却谦逊有礼，言辞得体。总有一些人，遇到不顺心的事就朝父母发脾气。一些伤人的话也瞬间脱口而出，丝毫不顾及父母的感受。父母是这个世界上最爱我们的人，但，爱，不是我们伤害的借口，更不应成为我们失控的理由。

我们总是觉得父母不完美，却不知道他们为了得到我们的认可，已经在背后默默付出了很多。当我们逐渐长大，也该逐渐接受父母只是一个普通人的事实，并慢慢懂得他们的不易。

学会放下对父母苛刻的衡量标准，学会接纳父母的不完美，给他们多一点理解，多一点包容。对父母来说，我们不经意间说的某句话，可能会像一根刺，狠狠地刺痛他们。父母年纪大了，面对他们不理解的，我们要有耐心跟他们解释，多一些体谅。

当父母老了，要像他们爱我们一样去关爱他们，要理解他们，不要日后空留遗憾！

还记得，我把那一版的报纸复印了52份分发给孩子们，拿出一节班会课的时间带他们进行了阅读，并剖析了父母所写的对自己深沉却不善言辞的爱，引导他们应该如何看待和父母的沟通，很多孩子都羞愧地低下了头。

这里老师参与的意义是要让家长了解自己的孩子,让孩子理解自己的父母,通过聆听对方的心声,并与对方进行主动、有效的交流,才能推动家庭关系的和谐发展,建立更紧密、更融洽的家庭关系。

展示几篇当期报纸家长写给孩子的文段:

"在你小时候,过马路、走夜路、打雷害怕的时刻,都会紧紧握住妈妈的手,但当那天我想从你手里拿过笔,陪你一起分析错误的时候,你甩开了妈妈的手,当时妈妈脑海里一片空白,我想这难道就是'长大'吗?我从没想过你的'长大'带给我的居然是深深的难过……"

"张老师很爱给你们拍照片,看着你们从刚入校时的小点点,到现在有的孩子已经比老师都高了,才明白成长真的只是一瞬间的事儿,恭喜你,在这个过程中收获了坚毅、独立、认真做事的品质;作为妈妈的我呀,虽然长出了白发,身体也微微发福,每年体检也总能检出这样那样的小问题,但我也在陪伴你的过程中有所收获——一件超级保暖的加绒小棉袄和更加独立的自己。是的,我们都在这个过程中变得更加独立,也更加理解对方了,我觉得我是全天下最幸运的妈妈!"

"其实孩子,你不一定非要活成玫瑰,你愿意的话做茉莉,做雏菊,做向日葵,做无名小花,做千千万万,但你一定要坚强,要向上,要做一个正能量的人。"

改版后的《星火周报》吸引着更多老师同学驻足观看,不知不觉中,门口的刊板麻绳便挂满了报纸,每当微风吹过,彩色的报纸便如同旗帜般上下飘扬,仿佛是同学们的用心创作真的赋予了它灵魂。

第三节 多边协同建团队
——组建班委会

"张老师,我要向您检举一个'双面人'。"第一年带会考结束,我的办公桌上赫然出现了一封举报信,初二结束了还有啥愁啥怨没解决?于是饶有兴致地读了下去,"这个人就是我们班的班长,我知道您很喜欢她,我也知道初二结束您不教我们了,但有些事儿我不想压在心里,不吐不快,虽然她在初一确实做得很好,对一些假恶丑行为能第一时间制止,也能向您及时反馈班级整体问题,在您不在的时候如果班级纪律乱了她也会第一时间冲上讲台制止,咱们班同学也听她的,那个时候,她确实是一个令我们所有人都心服口服的好班长!但初二,在您面前,她还是那个雷厉风行,管班有一套的大班长,但在您不在的时候,她的一切都变了:变得有失偏颇了,您让她同时兼任小组长,于是她在查眼操加减分的时候给自己的小组频繁放水;变得会说脏话了,当然都是在您看不见的地方,她说脏话的样子跟班级里的某某同学没什么区别;变得没有耐心了,再碰到有同学求助,她只会说一句,'不是有老师吗,找我干什么,全班同学有问题都来找我,我累不累啊。'……"举报信还有很长,但我已经没有心思读下去了。

面对这些对班长抱怨与不信任的文字,我开始反思:班长是班级里品学兼优的孩子,有着从小学一年级开始就有担任班长的班级管理经验,在初一初二数次的举手表决中都是以高票当选班长,如果连她都有着一面的话,那班级里的其他班委就更不用说了。在经过一番仔细分析后,我发现了一些问题:

1. 班委会人员设置不合理,缺少制衡机制;

2. 缺少对班干部的有效监督提醒,时间久了,个别班委在管理过程中摆起了"官架子";

3. 班级里有部分同学没有参与过班级管理事务,不能做到理解与支持班委工作,故意和班委对着干,久而久之,班委的态度也不太友善;

4. 我的过分信任,没有抽出时间对班委进行跟进式培训,导致很多时候班委在遇到无法解决的问题时会采取简单粗暴或者不作为的方式处理。

一个班级的班委会的好坏会潜移默化地改变这个班级的风气,是班级管理重要的一环,基于对上一批学生班委会运行过程中遇到问题的思考,在接手新一届星火班的时候,我决定从不同方向去下功夫,打造一个多边协同的班委会队伍。

有很多新入职场的班主任老师在班级组建之初,会让想要竞选班干部的同学依次上台发言,其他学生们投票选拔,这样做的好处就是能够快速组建一支临时的班委队伍投入运行。我一开始也是这么操作的，但后来，我就发现了这个模式的弊端——这个时候的同学之间还不是太熟悉，唯一可以评判的依据就是这个上台发言的人嘴里的说辞，但是真是假无从考证，且小学阶段能胜任班干部并不一定适合初中阶段需要更多技巧的班级管理方式，所以在临时班委会转正的时候往往面临着很多人员变动，没有转正的学生难免不会"怀恨在心"，想要挑战一下新成员的权威……

所以，在这次的班委会选拔过程中，我先是了解了学生们的班委会工作意愿，然后根据意愿给他们设置了分类选拔。

首先是班长，我们班一共有6位想要竞选班长的，男女两两组合，组合后必须配合行事，不可单打独斗，每组值班一周。值周班长的主要职责包括：组织主持周一的班会课；三操的检查；协助老师进行班级管理等。

每天下午最后一节课后，值周班长会用5分钟对班级当天出现的问题及优秀行为进行一个总结。每当这个时间，我都会在班级的后门外，给值周班长们掐着表，等他们组织整个班级安静下来后我就推门进来，在教室后面听他们进行班级总结。

有的值周班长只谈问题，一味数落调皮捣蛋的学生有多难管，仿佛是因为老师来了可以为他们做主而进行的负面情绪宣泄，全然不提解决方案；有的值周班长连续几天表扬的优秀行为都是某某学生的小测成绩考得好，角度不够全面；还有的值周班长非常紧张，完全站不住台，草草说了几句，就匆忙放学，最后还是体委着急了跑上台把今天体育课上出现的问题进行了表述……

三个周后，学生们已经基本了解了值周班长的能力及性格，投票表决的时候有了参考依据，选出的班长更有公信力。

当然，如果过分依赖学生投票可能会选出能说会道的"和事佬"型班长，所以我也留了一手——学生投票只占50%，还要综合老师和班主任的分数，最终决定班长人选，不过，我并没有使用到这一步后手，学生们高票通过的两位班长也恰恰是我在对他们的观察中非常欣赏的两位同学——一位是男班长Z同学，有着胖乎乎的喜庆外表，能跟同学们打成一片，很受同学们欢迎，但管理班级思路清晰，敢想敢说，处事公平，自己的好朋友犯了错也能及时指出，并诚恳地提出要帮助他一同改掉坏习惯。

另一位是女班长R同学，讲话大方得体，对自我的要求特别高，不会给别人留下找到自己问题的把柄，找问题精准到位，对班级里暴露出或即将暴露出的问题也能提出创新性的方法。

事实证明我们的选择是正确的，后来的两年间，他们一直是我在班级管理中最得力的左膀右臂。

内堂课靠班长，外堂课靠体委，所以，在我们班第二重要的班委是体委。

敲定体委我也用了3个周的时间，这次我没问他们小学时候的经历，而是给班级的30位男生们都排了带操值日表——男生们2人为一组，需要整队、喊口号、关注脚步的整齐度……带操的时候我全程跟着，考察哪些学生有能承担体委重任的能力。

30位男生中一定会有高矮胖瘦，有些同学自己跑步都困难，更别提声音洪亮地喊出一 二 一的口号了，有时候体育老师都听不下去，吹起了口哨指令。令我感动的是，就算已经有了口哨指令，就算带操的同学已经累到直喘粗气，还是非常努力地喊着口号，每当这个时候是我们班级集体荣誉感爆棚的时候，全体的同学不管男女都会高声地喊起一 二 一的口号，来鼓励坚持下来的值班体委。

当然，大费周章选体委，目的肯定不只有一个，但最重要的还是为了让全班同学体验体委的不易，尊重并配合体委工作，这里考虑到男女生的性格，我并没有给女生进行排班，但有一次班级里当天的值班体委请假，Y姑娘主动举手补位，后来，她成为了我们班的三位体委之一。

另外票选出的两位体委也是个顶个儿的优秀，在体育项目和外堂课管理上都有亮眼的表现。

班长和体委的选拔结束后，又进行了小组长的遴选。（这里关于小组长队伍的选拔和建设，会在下一篇文章《多边协同建团队——小组合作》中进行讲解。）

至此，我们班的班委会正式成立了。

鉴于之前班级班委会我未施加干预导致的错误，我和班委们约定，每两个周召开一次线上班委会统一思想，并针对管理过程中遇到个各项问题群策群力，答疑解惑。

下面展示的是我们班级的第一次班委会会议记录：

星火班第一次班委会会议

一、为什么要召开这个会

我们的家长常常会因为一位班主任选择一个班级,但是我也可以很负责任地讲,如果让所有同学投票选择最想进谁的小组,他们考虑的绝对不会是组员,而是你组长够不够给力,是不是足够正能量,能不能带着他们向前冲!班长和体委也是一样的,所以大家要明确自己在班级管理中的重要性。

另外,在这里纠正大家一个误区,很多同学总觉得一班之长在整个班级里是最大的官,其实不然,大家可以用学校里的制度理解,如果老师是校长,那么班长就是分管学校各项事务的副校长,例如管安全的,管政教的,管总务的等等,每周他们会和校长一起开会,商量出最适合学校运转的办法,并布置给班主任们,然后检查落实情况,表彰优秀班级,敦促并帮扶后进班级。

而真正把所有办法根据自己班级情况落实下去的是班主任,也就是小组长。所以,小组长们和班长是两个不同的班级管理模块,两者不涉及到谁管谁,班长是决策者和监督者,组长们是管理者,对这个班级都很重要,所以,请大家不要对自己的身份有质疑,我们是根据大家的性格特点更适合或者更容易胜任哪个部门给大家进行的职责分派,希望大家能通力合作,共同创建秩序良好的班集体。

今天,我们召开本学期第一次班委会线上会议,本次会议主要是对班级从组建到现在的班级情况作一个清楚的认识,其次对班干部的管理工作中存在的问题,提出一些提醒和帮助,以便于我们开学后能迅速投入状态,带领全体同学顺利走上打怪升级之路,而不是原地徘徊不前。

二、明确班级的情况

咱们班班级人数52人,是全校人数最多的班级,学生越多,管理难度越大!大家要充分意识到这一点,并下定决心,每个人都有负责的班级管理任务,既然选择了你做班委那就做好,严格管理班级,争取班风班纪不断好转!自己也能在考核分和个人口碑上有一个提升!更长远的讲,为以后的校级荣誉评选等积累数据。像老师最近在参评一些荣誉,他就会让你填写,你之前从学生到工作以来,都担任过什么职位,获得了什么成就之类的,都是你区别于别人的加分项。

咱们班级的问题随着所有同学日渐熟悉,其实已经初见端倪:

1. 学习自主性和探究意识不高,每节课下课后问问题的只有几个同学,在大家当中的部分同学我也没在讲台上见过你,更别提问问题了,希望接下来大家能充分利用你们的力量做好表率,进而带动组员积极主动学,真正做到有疑必问,有问必答!

2. 参加集体活动时能看出来咱们的集体凝聚力很强,但是回到教室就完全忘了自己是星火班的一份子,就像Z班长说的那样,张老师在和不在,就是两个样子。

尽管如此,老师还是对这个班级充满了信心,希望能够营造平等团结,和谐进取的班级氛围。作为班干部,希望你们能与老师一条心,对班级的明天充满信心,并付出努力。

三、班委队伍应该如何做

我想就班委的重要作用,再强调一下,你们离一个优秀的班干部有没有差距,差距在什么地方?有没有做得还不够的地方。相信一定会给大家一些启发,以便改进自己的不足。

班委是班主任和其他任课教师与同学沟通联系的桥梁与纽带,学生有什么情况通过班委反映和汇报老师,老师有什么事情或安排通过班委通知给学生。

所以一名优秀的班干部应该发挥如下作用:

(1) 模范带头作用。以身作则,模范遵守各种规章制度,吃苦在前,享受在后。想同学所想,急同学所急。班干部也是学生,所以千万不能脱离同学,自己高高在上而小看同学,比如迟到的现象就不能发生在班干部的身上,还有卫生、打扫、成绩、做人处事等。树立正确的舆论,带动整个班集体开展批评和自我批评,形成集体的组织性,纪律性和进取心。

(2) 监督作用。监督班级课堂和自习纪律,监督班级卫生和植物园卫生,监督同学进行学习,监督同学之间要友好相处。老师发现很多班干部在其位但却不做事不作为,同学做不好也不提醒,班级有问题无动于衷,熟视无睹,视而不见。老师看你有能力才选拔你做班干部,如果你没有作为不称职那确实辜负了班干部的称号,辜负了老师的信任。

(3) 提醒作用。有同学犯了错误要马上提醒,不至于酿成大错。而不是马上跑过来给班主任说,班干部要学会自己处理一些班务,否则,这个班委会形同虚设,有跟没有没有一点区别。

最后,给大家几条管理班级的小建议:

(1)不当面打同学报告,防止制造矛盾和紧张气氛,让同学认为班干部就会打小报告。

(2)与组员之间和睦相处,对同学进行劝勉教育时要注意方式。以理服人,动之以情,晓之以理,而不是威吓,敲桌子,大声呵斥,喊叫甚至吵闹。"你不怎么怎么样,我就给你扣五分!扣十分!扣二十分!"和"你这条行为会违反规矩,你说你扣这分你至于吗,可以避免的啊。"你觉得这两句话哪句更容易让人接受,并死心塌地跟着你干?

让组员成为你的盟友,这样如果有某个组员不听你的话,其它组员会帮你一起管理他。在班级管理中凝成一股绳,心往一处想,劲往一处使,共同把班级管理好。

对于屡教不改的同学要多想想办法,办法总比困难多。

(3)面对困难要勇于克服,困难谁都会遇到,就看谁有办法,谁会想办法,谁能想出好办法。主动思考,积极反馈,汇报的每一个问题后面都要跟着解决方案!

(4)我不是在培养告密者,我不是在培养告密者,我不是在培养告密者!重要的问题说三遍。除非是特别恶劣的行为,我会与家长取得联系解决,其余的所有问题都仅限于这个教室里的人解决,那大家来找我是抱着一种什么样的心态?总不能是"我要毁了他。"吧,所以,首先把心态摆正确,基于帮助同学出发,很多问题在你这一层面就能得到妥善的处理,希望大家来找我反馈的问题定是你在思考后解决不了或者你想要向我咨询下怎么解决行不行?我相信我选人的眼光是没错的!

其实很多时候就是贵在坚持,要能屈能伸,能吃苦,能受屈,能忍让,有办法能在班级管理中想尽办法去做班级工作,想办法把同学的学习积极性调动起来。

(5)学习带头。做学生,最大的任务就是学习,所以一定要把自己的成绩搞上去,作为老师的得力助手,需要班级管理和学习成绩双丰收。

希望通过我们大家的一同努力,星火班的每一颗星星都会更加耀眼夺目!我们聚在一起燃起的熊熊烈火也会更加明亮绚丽!

第四节　多边协同建团队
——小组合作

"别的班的孩子干活要吃的，你们班的孩子干活只要分。"对面办公室的女老师指着门外的学生笑着说："就他俩，不好意思进来找你，刚才主动帮我从一楼到四楼搬了几趟卷子，我刚才说请他们吃零食，俩人说不用，那个胖胖的同学说，'老师您要真想感谢我们，帮我们去跟张老师说说，给我们小组多加点考核分吧！'这不，就把我带你这儿来了。"

我往门外一看，俩小伙害羞地低下了头，这不是班级里最闹腾的S同学和C同学吗！一问才知，俩人因为上课传纸条所在小组被扣考核分10分，惹得两个小组的成员群情激昂，和他们说必须要赚够相应的考核分数才允许他们回小组上课。了解情况后的我哭笑不得，既开心于综合素质考评分这一激励机制的有效运行，又好笑于小组成员为了考核分数近乎偏激的补救措施，最后的处理结果是：鉴于S和C同学的认错态度良好且有乐于助人的行为，我抵消了他们两个小组的考核扣分，小组成员们于是心满意足地把他们接了回来。

苏霍姆林斯基曾提出："自我教育是学生正常的精神发展的条件，战胜自己是自我教育的起点……没有自我教育就没有真正的教育。"（张青，2010）自我教育不仅是教育的真正实质内涵，同时更是实现自我管理的基础前提，而自我管理则是自我教育的最高水平成就标志。

日常的班级管理工作往往需要耗费班主任大量的时间、精力，如果仅凭班主任一己之力是无法有效达成的。而小组合作学习模式，作为一种培养学生自主管理、合作、探究的教学模式，体现了学生深层次的自主管理，且通过小组的组间竞争，也能有效地实现班级纪律的管控，增强学生的集体荣誉感和凝聚力，更有利于班级管理的顺利开展。

所以小组合作势在必行。

一、初建小组

小组合作学习模式中，组长的示范引领作用十分关键，组长人选将会直接关系到本组的团队凝聚力和小组的发展潜力。因此，我在任命小组组长时，先是结合开学以来数次听写成绩及科任老师反馈的作业完成情况、课堂听讲情况，把目光锁定在刨除三位班长外班级里品学兼优的15位同学身上，再经过同学们的票选和任课老师的推荐，最终敲定了12名小组长的人员名单。

为了更加公平公正地匹配小组组员，以期后续的组间竞争能够顺利开展，我在班会课上引导班级同学匿名完成了两项等级评定，下面是等级评定的依据：

组长版：

1. 作为组长，你觉得他/她是否能够公平公正地记录并诚实汇报小组的考核分数，如果是，+1。

2. 作为组长，你觉得他/她是否能够在主动举手回答问题、课堂认真听讲、作业认真完成等学习工作中做到以身作则，如果是，+1。

3. 作为组长，你觉得他/她是否能够在体育课及外堂带队时遵守纪律，不随意交头接耳，认真完成老师布置的各项锻炼任务，如果是，+1。

4. 作为组长，你觉得他/她是否有一定的耐心，能够关心爱护组员，主动帮助组员补习不会的问题，或带领组员积极问老师问题，从而帮助组员取得进步，如果是，+1。

5. 作为组长，你觉得他/她是否能够做好整个小组整理习惯的监督，保证小组卫生的维护，如果是，+1。

6. 作为组长，你觉得他/她是否能够带领小组取得一定的考核加分，获得"大神组"的荣誉称号，如果是，+1。

根据打分，请在12位组长名字对应的表格中填写对应等级，1~2分C等级，3~4分B等级，5分A等级，6分A+等级。

组员版：

1. 你认为你的同桌作为组员，能否做到配合组长工作，每日积极赚取规定的考核得分，如果能，+1。

2. 你认为你的同桌作为组员，能否做到每日按时找组长完成背诵打卡、听写改错等日常工作，做到当日事当日毕，如果能，+1。

3. 你认为你的同桌作为组员，能否做到积极主动和组长沟通交流自己学习生活中出现的各项问题，协助组长解决组内其他成员出现的各项问题，如果能，+1。

4. 你认为你的同桌作为组员，能否做到帮助组长从事收发作业记录考核分，打扫卫生等小组管理工作，真心实意为组长分忧解难，+1。

5. 你认为你的同桌作为组员，能否做到公平公正，不失偏颇地对待组长考核评价，根据组长表现打出真实的分数，如果能，+1。

6. 你认为你的同桌作为组员，能否做到团结互助，带动弱小，让所在小组获得"大神组"的荣誉称号，如果能，+1。

根据打分，请写下同桌的名字并填写分数对应等级，1~2分C等级，3~4分B等级，5分A等级，6分A+等级。

为了避免个人主观意愿的影响，这里我在组员版采用的是同桌评价的方式进行。

当晚，我将收集到的问卷回收后进行了整理，便根据等级评定开始安排分组，举个例子，某组长在等级评定中被21个同学票选A+，这样的组长对应会被分到B等级的组员同桌，剩下同桌的两名组员则是由A等级和C等级组成。

为了方便组长进行监管，A+组长和B组员会在小组的后排就坐，A组员和C组员则会坐在前排，如果前排同学出现问题，A+组长就会第一时间发现并施加干预。

获得同样等级的同学，则会根据性别、身高、性格和擅长科目进行组合，以确保每个小组的男女比例尽量不失衡，毕竟，"男女搭配"，干活不累嘛!

根据这种方式划分的小组，切实考虑到了成员们的赚分能力和配合度，所以小组成立后第一个周的试运行期间，相邻两个小组的综合素质靠评分相差都不算太大，这也反映了小组分配的合理性。

二、投入运行

于是到这里，我正式公布了小组的组间挑战规则：

1. 一共12个小组，组长自行记录组员一日的加减分明细，详细记录，每天

晚上班长会统计一日小组总分,面对别组对于得分的质疑,要能够说明分数在哪节课什么时间又是为何而加。(明细条如下)

2. 相邻两个小组为监督组,监督对方分数有无问题,若发现问题举报,查实后对方分数清零。

3. 每周一评比,总分前6的小组选为"大神组",小组每人考核+10,而总分后6的小组则没有考核分数入账。

4. 每周组长在小组内推选1名积极配合自己工作,或者进步最大,赚分能力最强的同学作为"优秀组员",奖励个人考核+5。

5. 每2个周组织全体同学对组长进行一次考核,获得A+等级的组长+20,A等级+15,B等级+10,C等级不加分,且要找班主任进行工作反思。

在之前《入校第一课,打造主题教室》一问中,提到过我们班级有两面用于考核的白墙上,我在墙上各粘贴了6个PVC硬胶套,更靠近讲台的一面上书三个大字"大神榜",另一面墙上写的则是"挑战榜"。小组组建后我第一时间给每个小组的成员拍摄了集体照,每周考核结束后,会派人把照片上墙,有了这面"照片墙",不用我刻意强调什么,前一周没有挑战成功的小组便会奋起直追,而已经登顶"大神榜"的小组则为了保持优势也会在管理、卫生、学习、活动等多层面下功夫。

每次只要我一说学校里有什么活动需要报名,只要加一句"名额有限",所有的组长就会争先恐后的举手,生怕错失每一个加分的机会,机会抢下来再去分派给组内日常赚分不多的组员,这些组员常常会因为性格原因不愿意举手回答问题,或者是容易调皮捣乱导致小组被倒扣分,常常在小组中扮演不受重视的角色,而在班委会的时候经过沟通,如果有参加活动的机会组长要优先考虑这些同学,帮助其建立自信,树立集体荣誉感,方便后续进行小组管理。

三、完善规则

当然,在推行过程中会有几个组长为了荣誉想要"挑战规则",被抓出来后都以考核分清零的方式重重罚了,有过前车之鉴,也再没有组长在规则上钻过空子。

后来在班委会上有人质疑小组组员不作为,拖不动,对一些努力赚分的同学不公平,于是我们又加上了第6条规则:

下次分组时,"挑战榜"6个小组中谁的个人考核分如果能超过"大神榜"个人考核分排名第一的同学,可以从"大神榜"的小组里挑选1人和自己小组成员进行调换。

这在一定程度上防止了优秀小组的一家独大,适当地为其增加挑战,另一方面也为整个班级的小组合作注入了新的活力。

四、致小组长

鉴于小组长在班级管理中承担的是承上启下的关键作用,所以在班委会以外,我也会经常约谈个别小组长:总是一副居高临下态度的组长要教给他们如何和组员沟通才能有更好的效果;对小组里摆烂不赚分的同学束手无措的组长要帮助他们制造机会和其诚恳说明情况,表达诉求;小组管理中不是太积极主动,只关注自己的组长要和其严肃表态,告知他们"水涨船高"的道理,引导其提高对自己要求的同时更要关注小组建设等等。

下面展示的是班委会后,下发给小组长的一封信,通过写信的方式,让其感知到班主任对他们的重视,认真阅读并深化落实信件中的各项要求。

致星火班小组长的一封信

亲爱的各位小组长:

首先感谢大家最近一段时间来的辛勤工作。

小组组建之初,我跟大家说过一句话,"一个人可以走得更快,但一群人可以走得更远。"

蔡元培在风雨飘摇中接任北大校长一职,不搞帮派体系,不管旧学新学流派,也不问出身,只看学问,唯才是举,广纳天下人才。电视剧《觉醒年代》中就演了他曾"三顾茅庐"邀请陈独秀出任北大的文科学长的故事。博学如蔡元培,应该深切地懂得,一个人的力量再强也始终有限,必须有很多志同道合的人,结成同盟,群策群力,相互鼓劲,才可以走得更远。

当然这里的同盟有个前提,是要求几个人必须志同道合,可能从长远来看,你们小组里没有志同道合的人,但从短期来看,目标都是为了考上一所好高中,有更高的学业追求,既然目标一致,为同一个目标走到了一起,那就是同盟,是伙伴。那么,接下来就要研究策略问题了。

如何更好地调动组员的积极性,让他们主动积极地配合小组建设,这真的是一个难题！需要我们大家集思广益，发挥自己的创新意识，甚至可以查阅资料Copy其他人的有效做法。

困难是每个人都会遇到的，就像玩游戏不打怪就没法升级，只凭借一个低级身份玩游戏想来也是很无聊的吧！所以我的小组长们，不要惧怕你们已经或即将面对的困难。当你面对困难时，老师希望你们做到以下两点。

一、拼尽全力，但不强求

作为组长，你一定要拼尽全力多角度想办法，思考如何解决组内不合作、不团结的问题，不要让这个问题把自己捆绑住了。

我已经看到了一些小组长的举措，他们给组员进行了分工，让每位同学都有事可做，自觉承担起作为小组成员的责任，组长会经常夸奖帮助管理纪律的副组长，还会悄悄跑来找我让我在班级层面夸夸组内做卫生积极的同学，以期鼓足成员们的干劲儿……看了这些，老师很感动。

不要小看一个小组长，你就相当于一个管理着三个兵的小领导，如果你的组员个个都是一样，那也就没有挑战力了，正因为各具特色，我们才要发掘并调动他们各自的优势，让他们积极为小组出力做贡献，让小组的工作能够顺利开展，向着那个共同的目标迈进一大步！

不可否认，小组里有些同学始终没有办法和你们达成同频共振，这些连老师都无能为力的同学，你们大可以不必纠结，放弃对他们的说教和指责吧，多份一些精力给自己和其他组员，人生本就不会完美！当然，也不必恨他们，对他们给予爱吧，如果他们有能力选择，他们也愿意选择成为闪闪发光的人，但一定是有什么事儿将他们变成了现在的样子，所以，只需要接受他们，但不必陷入纠结。

二、正确看待挫折，满满正能量

为什么上阵杀敌前不管我军死伤有多么惨重，一定会有一名小号手到山头上吹奏一段激情澎湃的进攻号角呢？

对，因为激情会带来勇气和力量，一个好的心态在任何困难面前都显得尤为重要。

所以请大家首先培养良好的心态，尽量要求自己同每个伙伴良性交往，对于那些比较自我的个体，你可以适当迁就他，用集体的温暖慢慢感化他。

其次，诚实地面对自己的错误，并敢于为此负责任。要知道，真诚的道歉远比粉饰后的逃避更加分！

认真进行批评与自我批评，在批评中寻求不断的完善，不要因为情感、面子或者私心而不敢提出批评。如果只是互相客气和粉饰太平，那这个团队一定不会走得长久，只有让团队里的每个成员都为小组良好运转谏言献策，才能够实现合作共赢。

最后，老师希望大家学会未雨绸缪，提前预设可能出现的问题，不要等问题出现时再手忙脚乱地解决。

前不久我随即找了一个同学问，"你觉的你们组长怎么样？"同学很认真的说，"组长能发现组内很多不好的行为，并敦促某某同学改正，而且任何事情，组长都是带头做得很好，我挺佩服他的。"

希望咱们各位小组长，能够让自己成为一个让组员佩服，令自己骄傲的小组长！相信自己！

小组合作学习模式，一方面把我从纷繁的教学和管理事务中解放出来，便于我站在更高的角度观察每个学生、思考班级管理方法，及时诊脉，精准施策，另一方面有利于发挥优生的引领带动作用，形成良性竞争，也有利于不同层次学生获得锻炼机会，增强每位学生的集体荣誉感和班级凝聚力，使学生真正成为班级的主人，实现德智体美劳的全面发展。

第五节　多边协同建团队
——人人都是班干部

下课，任课老师笑着跑来我办公室，"我跟你讲张老师，我一喊下课，你们班的C同学就跑上讲台，提着一个黑色垃圾袋，'这个雨伞是谁的，还有没有人要了，天都晴了两三天了，再没人要我当遮阳伞了！'，'这个水杯又是谁的，粉色的，应该不是男生的吧，女生们快看看，别放我这儿让人误会！'，'这个沾满哈喇子的抱枕，有没有人要啊，滂臭！没人认领我就扔了。'哈哈，你们班这位叫什么官，对，失物招领处负责人也太可爱了。"

听起来，C同学这份工作做得特别尽职尽责，有了他的操办，我也终于不用天天在走廊窗台上捡东西或者给学生断失踪案了。

在我们班，不论官的大小，人人都是班干部。

除去主体班委会队伍外，为了调动学生们的班级管理积极性，有更强的集体认同感、归属感，我把教室里能见到的一切，都进行了管理人员的划分，划分如下表：

部门	总负责人	职位1	职位2	职位3
安全	安全委员	安全日志管理员	安全小黑板负责人	安全班会记录员
心理	班长R	心理教师对接人	心理班会记录员	
卫生		桌洞管理员	失物招领处负责人	书包柜管理员
教室		名言警句摘抄员	班级热搜管理员	后黑板负责人
走廊		外墙刊板装饰员	《星火周报》管理员	
学习	班长Z	各类表格打印员	大黑板负责人	登分员
阅读		图书管理员2人	读书分享记录员	
纪律		课间纪律管理员2人	放学路队管理员2人	脏话管理员
考试		考场布置员4人		
小组		考核分监督员	考核分登分员	

这里分享几位班干部的故事：

一、小黑板管理员

我们班级门前有一块记录班级考勤的安全小黑板，便有了"小黑板管理员"这个职位，由一个非常安静的女同学R担任，有一次班长Z哭笑不得地拽着她和"大黑板管理员"来办公室找我，说她俩因为工作原因发生了激烈争吵。

一问才知，是"大黑板管理员"不想擦黑板，让课代表把语文听写没过的名单抄写在小黑板上，这才引发了R同学的不满，"老师您说了，小黑板就是为了让来上课的老师能一眼看到班级里应该有多少学生，请假的都有谁，防止出现安全隐患，如果写其他内容，这个信息就不突出了！" R同学激动地说着。

我给她比了个大拇指，"特别好，就应该这样做！老师帮你在班级层面强调一下！"

从那次之后，就算大黑板被板书、作业、人名占据得满满当当，也再没有老师和同学动过小黑板的念头，我们班也从来没有出现过任何班级人员管理上的安全漏洞。

后来，这位"小黑板管理员"成功晋升"安全委员"，除了继续负责她的"小黑板"考勤工作外，还承担起了检查"安全日志管理员""安全班会记录员"等同学工作的职责，她也凭着严谨的态度和认真负责的工作毫无争议地获得了那个学期的"优秀班干部"荣誉称号。

二、桌洞检查官

"张老师，有同学带炮仗来学校，就在他桌洞里！我联系安全委员了，您看怎么处理？""张老师，我从某同学桌洞里发现一张上课传的小纸条！我没打草惊蛇，您要不处理一下子？""张老师，我觉得最近咱们该大扫除了，某同学擤鼻涕的纸都往桌洞里赛，我看着受不了！"这位"桌洞检察官"只要一出现在我办公室，就准保要帮我添加新的班级管理工作量，但也正是因为有了他的检查，也帮我避免了非常多潜在问题的发生。

例如有一次，"桌洞检察官"在门口纠结了半天，还是走到我身边，支支吾吾汇报他今天的发现——"M同学好像带来了一支录音笔。"

"好像？"我转过头去看他，"这不是你的风格啊，没证据的事儿你不是一般不汇报吗？"

"就是直觉，因为我看M同学上课因为走神儿被老师点起来之前一直在摆弄他桌洞那根银色的笔，隐隐约约能看到他摁了一个什么键，然后笔上面的红灯就闪了起来，那个场景特别像在录音！要不张老师您还是确认一下吧，我也怕我判断错了。""桌洞检察官"送上这条情报后，便去上课了。

为了以防万一，我便让人通知M同学带着他那根银色的笔来找我，M同学进办公室的时候，手里紧紧攥着那根笔，凭着教师的直觉，我第一时间反应过来，这笔有问题，于是笑着反问他，"这就是让你上课走神儿的物件儿啊？能不能拿给老师看看？"M同学小心翼翼地递上来，我拿在手里把玩了一阵儿，没发现什么特别的，确实有个会亮红灯的按键，但并没有供电元件也不可能实施录音功能，但M同学的眼神儿和行为又特别反常，于是我又追问了一句，"最近，是发生什么事儿了吗？"这句话一出，M同学的眼泪瞬间夺眶而出。

我于是关上了办公室的门，听他讲述了昨天发生的一系列事件，这才知道原来他带这根假"录音笔"是为了吓唬别人不被吐槽。因为他个子比较小，上课的时候他拍拍前面同学的后背想让他低低头，但前面的男生却笑话他成绩不好听了也没用，放学回家的路上他跟前座还有几个同学一起走，前座跟其他几个男同学拿今天上课这件事儿笑话他，M同学便放出话来要拿录音笔录下他们的话举报他们。

我又问询了几个跟他同路的女同学，也验证了这件事儿的真实性。于是，马上着手帮他处理起这件事儿，经过批评教育，前座也认识到了自己错误，和M同学进行了诚恳的道歉，并签下了保证书，争得了M同学给的谅解。处理过程中前座连带供出好几个爱拿别人身高、成绩、外貌开玩笑的同学，算是一起"大案"！于是马上召开"防欺凌主题班会"，引导学生们警惕拿开玩笑当幌子实施的语言欺凌行为，全班进行监督，出现必究，还要重罚。

在这之后，班级里恶意开玩笑的风气确实刹住了车，防止造成更大的安全隐患，"桌洞检察官"记大功一件！

三、考场布置员

除去教室里目之所及的东西都有人进行日常管理外，还有一些特殊情境特定时间才能发挥作用的职位，例如四位"考场布置员"。

这四位考场布置员需要有默契的配合，还需要大量出力，放眼全班也再没有比"四大金刚"更适合的人了。

每当我告诉他们这个周末要承接大型考试，他们保证在周五放学后的20分钟内结束考场布置，然后在其他班级班主任艳羡的目光中骄傲离场。

怎么做到的呢，他们不让我参与，送完路队回来也只叫我搬张凳子坐着休息。直到隔壁的班主任看不下去，派了四名同学来我们班进行"拜师学艺"，其中一位"考场布置员"才讲述了他们的工作流程：

首先，周五早上早到位，把教室的两排暖气片下面的垃圾掏干净；

上午一共有三个课间，一个课间四个人一起把后书柜上整个班级的口风琴搬到走廊，再整齐码放在走廊书柜的一侧；一个课间把走廊四个书柜擦出来，里面的书摆放整齐；一个课间两人一组，把前后门的面板和窗玻璃擦出来；

下午同样有三个课间，第一个课间两人合作挂高处的挡布（遮挡文字的帘子），另外的两人分开，一个去挂低处的挡布，另一个排查有没有漏在外面的文字，如果有，就会用随身携带的白纸、胶带糊上；

第二个课间，我会让所有同学清空后面书包柜里的东西，只留最后两节课的档案袋，其余的东西都整齐码放到走廊窗台。这个课间，一名"考场布置员"会在走廊站着维系纪律，防止有人掉落垃圾影响他们打扫的成果；两名"考场布置员"会把没有清空书柜的同学"请"来清理；另外一名同学则用抹布把书柜擦干净。

第三个课间，我会让所有同学清空桌洞，朝前摆放。这个时候四名"考场布置员"便开始排查谁没有照做，或者谁的桌洞里还有物品没收走。

听他们一说，才知道原来他们先前做了这么多准备工作。

周五晚上放学，学生们需要把多余的桌椅撤出教室，一名"考场布置员"在走廊站着，引导他们把桌椅摆放整齐；剩下的三人则快速把教室里剩余的桌椅摆放成需要的排列组合，这个过程大约需要5分钟；

然后四个人排成一排，从后往前清扫教室的地面，这个过程大约需要5分钟；

接着，两个"考场布置员"分别擦前后黑板及黑板槽，一人收拾讲台，一人涮拖把准备拖地，这个过程大约需要5分钟；

最后的5分钟，教室里一人开着风扇拖地，一人倒垃圾顺带清理摆放卫生角，一人清扫走廊，还有一人把教室里整理出来的东西搬到办公室固定角落放好。

20分钟结束，关灯等待验收。

听了这位"考场布置员"的讲述，我跟四名"外派学习"的同学都由衷地为他们鼓起了掌，"四大金刚"不好意思地低下头，羞涩地笑了起来。

后来，我让四大金刚在第二周的班会课上又一次介绍了他们的考场布置操作，收获了班级里其他同学的连连点赞，就连一直嫌弃他们在小组内不作为的组长也带头为他们喝彩。

在"人人都是班干部"体制的影响下，我们班中下游的学生逐渐学会了担当责任，也能更好地控制情绪，进行反思和评价。因为中下游的学生在课堂中一直处于边缘化的尴尬境地，所以在班级管理上找到自身的价值很容易帮助他们建立自信。

简单来说，就是他们需要"被看见"，因此在这个过程中班主任需要及时发现并表扬班干部的优点，激励他们更加积极踊跃地投身班级建设和学习生活；对班干部的错误也要及时指出并进行委婉批评，引导学生进行自我反思提升。

总而言之，星火班打造的几支班级管理队伍，都在不同程度上帮助学生在班级成立之初快速融入班集体，调动起学生的主观能动性，我们班级的每一个人都希望，星火班可以通过我们的共同努力越走越好。

第六节　利用活动提升集体认同
——户外主题班会

去年的教师节，我收到了一封信，信中写道：张老师，说出来您也许会笑话我，我不是一个重感情的人，提笔写信的时候很多事情都已忘记，您的班会课我却会无数次地回忆起……记得好几个周一的下午最后一节课，当走廊里响彻其他班主任狂风骤雨的批评声时，您还是是那么温柔地笑着，倚在教室门口，"嘘，别出声！咱这节课去户外上吧！"同学们便马上跟紧您的脚步，在隔壁班同学羡慕的目光中走进了大自然，您带我们在春天里追过"超音速"的风，在夏天里"并排跑"过的12级台阶，在冬天里堆过名叫"规矩和自由"的雪人……

读信的时候，思绪也跟着飘回了她讲的那一年，那个时候每当工作压力大的时候，我都会马上起身，走出教学楼，感受一下大自然的洗礼。我们实验中学的校园是我见过最美的校园，春天教学楼前一阵风吹过，再匆忙的脚步也会为绝美的落樱停驻；夏天攀援的橙红色凌霄花和青翠的爬山虎爬满了整栋墙体；秋天满地金黄的梧桐叶把整个校园装点得分外耀眼；冬天校园里高大的松树上落了厚厚一层积雪，白绿两色互相映衬，相得益彰……

当我走进校园，情绪就会马上稳定下来，也有了新的思考——大自然是天然的疗愈师，既然是做教育，为什么不能把我们的班会课堂搬进一个会让教育自然发生的地方呢。

这里，和大家分享我曾经做的三个户外主题班会活动：

一、超音速纸牌活动

这当然不是一个只为了让孩子们放松身心的游戏，之所以会想到它，是因为在班委会组建了一段时间后，班级里开始出现一些不好的声音："咱组长就是老师的狗腿子，啥事儿就他积极！""为啥要进行小组合作啊，自己单干不是更自由？"这些声音的矛头都指向一个问题——孩子们不认同他所处的这个小集体，觉得集体利益限制了个人利益。

在学生阶段性的成长规律中，对自己不利的行为会出现这些声音是件再正常不过的事情，但是如果坐视不管，班干部的权威性无法被建立，学生们的集体观念也就很难形成，所以，需要干预，还要在不打草惊蛇的情况下巧妙干预，以防止其他学生们认为班主任护着班干部而对其产生更大的敌意。

2019年的夏天，学校组织我们老师进行了一次户外拓展活动，活动中我玩到了一个触动很大的项目，简单来说，就是在有限的时间内，按从小到大的的顺序依次将指定的数字牌翻过来，在各队竞争的情况下，用时最短的团队获胜。我把这个项目经过设计改良，拿来给学生们上了一节户外主题课。

把学生带到小操场后，我先让他们围着我坐成一个半圆，布置任务要求：

1. 每个参加的团队队员要按照顺序站成纵队，任务开始后，在老师的领导、组织下，严格按照顺序去进行，不得乱了秩序。

2. 每个参赛队的正前方的远处主席台上摆放有挑战时需要翻动的数字牌，在老师的指导下从规定的起点开始到达摆放的卡牌处，依次、有序地进行竞赛。

3. 听到开始的口令后，每个团队每次只能派出一名队员去翻动数字牌，并且每人每次只能翻动一张数字牌，不论数字是否正确与否，翻完都必须返回换下一名队员。

4. 当翻开数字牌数字不正确时,要把数字牌再扣下;当数字是正确的,将数字牌数字正面朝上。

5. 校园里还有其他班级在上课,所以整个过程不能说话,说话要原地停10秒。

分组是根据教室里的小组制定的,每三个小组一队,正好四队,每队12人,因为部分同学并不认可自己的小组长,所以最开始安排队伍的时候也是闹了一些不愉快,但为了游戏的顺利进行,还是听话站好了队伍,快速整顿好纪律,随着我在主席台上一声令下,游戏正式开始!

第一轮,同学们好像又都回到了军训求雨的那个时刻,纷纷祈祷起自己是那个抽到数字"1"的幸运儿!

随着时间的推移,有的队伍连续十几位同学都没有翻出"1",有的队伍凭着良好的运气加持,已经翻出了数字"4"。

但好在,每个同学都在为团队的荣誉努力着,虽然急得直跳脚,但却没有任何一名同学提出想要放弃。

第一轮游戏在大约持续进行了十分钟左右的时候,我叫停了游戏,没有任何一个队伍完整地按照顺序翻出所有数字卡牌。

孩子们稍显失落,这却是我最希望看到的结果。

紧接着,我提出来了第二轮游戏的规则:每个队伍推选一名队长,并严格服从队长指挥,其他规则跟上一局一样,下面给大家每个队伍5分钟的时间研讨。

纵然那些不支持分组工作的学生再不情愿,也不得不承认这个队长还是得需要有能力的人胜任,于是推选的队长基本都是小组长,他们带领着队员积极地研讨起游戏策略。

讨论过程中,每个组都研讨出了各种各样的问题:"老师,这个卡牌的位置每一局都会发生变化吗?""老师,我们可以拿纸笔记录吗?""老师,我们可以做动作比划吗?"……我也对同学们的疑问进行了解答,于是,卡牌游戏的隐藏规则被孩子们一个一个揭开了:

1. 卡牌游戏只强调了不能说话,但允许携带纸笔记录、做动作等;

2. 卡牌位置每局都会发生变化,不变的是规则。

五分钟的讨论很快到了,第二轮游戏开始了。这次,同学们不再凭着运气去比赛，相反，大家好像都不是太执着于翻出那张数字"1"的纸牌，而是在记录自己位置的牌面数字。在队伍里一大半的同学都完成一轮翻牌任务后，队长手里也拥有了每张卡牌底下数字的所有信息，于是在队长的指挥下，孩子们有序前往主席台按照顺序进行翻牌，准确率和效率都高得惊人！

最后，一支队伍以5分24秒的时间完成翻牌，获得了第二轮比赛的第一名！

比赛结束后又是5分钟的研讨时间，已经熟悉规则的组长们不慌不忙地引导着所有队伍总结经验，反思教训，再次针对战术、人员等进行研讨。

在所有同学都做好准备进行第三轮游戏时，我又提出了新要求——刚才获胜队伍的队长要出列当裁判，不再指挥队伍比赛。原本定好12个人每人负责一张卡牌的计划被打乱，而此时，另一支队伍中的两人也爆发了激烈争吵，一名同学指责同队伍的另一名同学跑得太慢，拖延了时间，到最后两人都表达了退出游戏的意愿，所有学生都看向我等我处理的时候，我却点头默许了，只叫他们自己在一旁冷静观战，一时间风云变幻，局势也开始扑朔迷离起来。

不过好在，方法已经教给了队员们，在喊出"比赛开始"的口号前，另一名小组长自告奋勇地站出来，站到了领导者的位置，队员们迅速收拾好心情，调整好状态，开始了第三轮游戏。

最后，第三轮成员被抽调裁判的队伍仍以微弱优势卫冕冠军，另外三个小组也都顺利完成了卡牌的翻牌任务，没有哪个队伍选择中途集体放弃。

在悠扬的下课铃声中，我宣布了比赛结束，孩子们还是围绕我坐成一个半圆。因为整个过程没让他们说话，所以，我先是让他们畅所欲言，谈谈全过程的感受："一个队伍必须要有领导者，不然就是一盘散沙。""这个领导者还得是有能力的人，不然大家都说话，没人总结，到最后什么方法都得不出。""我真无语了我们组的某某同学总是拖后腿，我再也不说某某同学的组长了，她能有耐心让某某同学安安稳稳地跟着小组一起学习生活，太厉害了！"

接下来，我又允许他们向我发问，我也对孩子们的疑问点进行了解答：

"同样的游戏，为什么要比三次？"

"第一次是运气，第二次是寻找方法后的验证，第三次是在已知方法的基础上继续提高标准，寻找最优解！这正对应了我们学习生活中不断强化训练同一知识点的模式！"

"为什么在第二轮才开始设置'队长'角色？"

"第一次游戏，谁都会按照自己心里的方法去做，但是当发现自己按照这种方法失败后，第二次游戏前队长被大家推选出来后，就会更加服从，想试试看队长提出的方法是不是更适合这个游戏，而有限的讨论时间，就是为了提醒我们大家，集体利益高于个人利益，把有限的时间要拿来做最重要的事情——就是认真听队长怎么分配任务，每个人都按照分派的任务去做，这个团队才能正常运转！"

"为什么老师会在第三轮游戏中抽调一名同学去当裁判？"

"这种'抽调行为''摆烂行为'在未来的职场上、现在的班级中一定是存在的，我们管他们叫做'变化项'，你们一定要学会接受随时有可能到来的变化，积极做出心态上的调整和方法上的转变，以收到原有甚至更好的结果！"

超音速纸牌活动后，能明显感受到学生们的集体观念慢慢发生了变化，小组的组员和组长之间的配合越来越紧密，学生也更加能够服从班干部管理，好像大家不需要过多言语却又心知肚明，这件事儿就自然地向着好的方向走了下去。

二、台阶并排跑活动

临近地理会考，因为上课特别多，所以我给小组的组长布置了任务，要求他们每天提问组员提纲背诵，如果没通过就把组员叫到我办公室，我来过关。

在这个过程中，我们班的"四大金刚"又开始作妖，"四大金刚"是我们班最不爱学习的四名学生，虽然分布在不同的小组，但也许是心意相通，四个人都不约而同地选择不管组长的提问，组长要求去班主任办公室也不在乎，非得是我来教室去请，"四大金刚"才大摇大摆地走出教室。

好多老师都劝我不要再管这四个人，组长也跟我反馈干脆让他们四个一个组,换种标准对待就行了。

不管他们肯定是不行的,但组长们的提议我倒是听进去了,虽然在教室里不能让他们一个组相互影响,但是在户外是完全可以实现的。

于是在一次晚托管,我又一次抓住四大金刚中的两个同学趴桌上睡了,另外俩隔着半个教室扔粉笔头,旁边的组员不堪其扰,捂着一只耳朵听课后,我马上执行起第二次户外班会。

其实这个活动有点像"两人三足",只不过为了安全考虑,我先是跟家长电话确认了四个人的体质没有问题,也没有让他们绑束脚带,找了校园里的一处十二级台阶,每个人跑上跑下熟悉了两趟。

然后跟他们说了规则:

1. 四个人手拉手并排跑,跑的过程中无论快慢,每只脚必须踏到同一级台阶上。

2. 上下各一次算一趟,三趟控制在一分钟内为合格,如果没做到就需要从头再来。

这个规则听起来好像很容易达成,"四大金刚"对此也是无所谓的状态,直到站到起点位置,四个人还在嬉皮笑脸,但我一喊"准备"的时候,四个人也突然面露一丝认真的神色。

"开跑!"

"四大金刚"中有一个胖乎乎的大个儿,行动非常慢,生怕快一点会累着自己,剩下的三个人,一个反应总是慢半拍儿,一个脾气比较急躁的急性子,还有一个小跟班儿,所以四个人跑的东倒西歪,大个儿一直在吆喝,"慢一点儿!你瞎啊!看不到我跟不上吗?"急性子也吆喝,"你行不行啊,死胖子,慢死了!",另外两个人虽然努力想要维系整个队伍的人在同一水平面上,但因为巨大的速度悬殊,四个人拉起的手被直接拽开了。

第一次挑战失败的很彻底,见四个人已经有了放弃的念头,我便提醒到:必须要挑战成功才能回班。待他们休息一会儿,重新振作起来,那个急性子就把剩下三人叫到一起,说:"要不咱们喊口号吧,一在左脚,二在右脚。"四个人迅速达成了一致。

于是第二次挑战开始了,其实急性子设想的方法没问题,但总有人跟不上或者不想等,大个儿虽然腿长,但迈不开步子,慢半拍儿也没有跟上,喊出"一"的时候在迈左腿和迈右腿两个选项之间纠结了一秒,就跟不上了，急性子又怕一分钟跑不完三趟，有的时候一步踏出去两级台阶，等待他们的又是失败的结局。这次挑战失败后，四个人都坐在地上喘粗气，不想继续尝试了。

等他们休息够了，四个人都冷静下来，急性子又开始复盘刚才的问题，给四个人做起了动员，并把队形进行了重新编排，打着拍子让四个人一同原地踏步，这次，他终于愿意为大个儿慢下来，大个儿也难得卖力地迈动双脚踏步，只为不拖团队的后腿，慢半拍儿用劲儿拍拍自己的右腿，嘴里不停地念叨着"先迈右腿"，生怕因为自己的原因导致队形被打乱，小跟班儿则一直配合着一遍一遍进行练习，没有丝毫的不悦。

第三趟急性子的脚不知道被什么东西绊了一下，四人没落在同一台阶上，并没有取得预期的成功，但好在四个人的情绪都逐渐稳定，没有抱怨，只是围上来着急地问急性子的脚有没有事，得到否定的答案后，四个人马上开启了第四次挑战。

终于取得了成功，用时40分钟，四个人坐在台阶上，累得呼哧呼哧直喘粗气，我问他们："让你们四个一个小组怎么样？"四个人尴尬地低下了脑袋，"还是算了吧，我们不够自觉，还是需要更有能力的人来监督我们。""张老师，我们知道应该怎么做了，在小组里不服从集体的规矩，身边人也会受到影响。""我们会听组长话的。""对，我们一定跟紧小组的脚步，不掉队！"

最后，我让他们回到了班级，和小组的成员们做了保证，一直到地理会考结束，他们四个虽然背诵总是不如人意，但态度不再消极，对待组长的提问也能积极的参与，也承担起了小组的卫生清扫、收发作业等力所能及的活儿，所有老师都说他们身上那一颗集体主义的种子已经悄悄萌了芽……

后来这个户外活动也在下一批孩子刚刚组建小组后组织过，同样取得了很好的成效。

三、其他户外活动

以上两个户外班会活动都是为了达成某一个目标而开展的，几乎都是在有计划有准备的前提下去完成的，但我深刻记得有很多次心血来潮组织却取得满满收获的活动。

例如一节平常的地理课，我发现一个孩子的目光频频扫向窗外，于是拉开窗帘，天空中雪花徐徐落下，窗外的世界早已是银装素裹，孩子们小声地惊叹着。我看看手中的地理课本，讲什么"蒙古西伯利亚高压中心是冬季风的发源地"，讲什么"日本的雪墙公路分布特点及原因分析"，讲什么"中国寒潮主要影响我国的北方地区"，都不如带着孩子们安安静静看个雪，于是我组织学生们在门口站好队，走出教学楼，在12级台阶处安安静静地欣赏了五分钟的落雪。

回来教室后，班长Z同学指着地面，激动地说"张老师，之前如果碰上下雪的课间，好几个男同学就会搭伙儿溜出去在门口看雪，打铃了才回来，总能把鞋上粘的雪带进教室。但是今天您看……"地面上整体来看比较干燥，原来是每个回到教学楼的同学都自觉地在地垫上蹭去脚上的雪再进入教室。

于是，我让Z同学上讲台把他的观察讲了出来，大家也毫不吝啬自己的掌声，送给了前两个进入做出良好示范的同学和每一位把好习惯传递下去的同学，那节课的结尾，我跟学生们说，"希望大家保有这份善良，在我们去享受美景的同时，不要给别人添不必要的麻烦。"

又例如，送新年汇演排练到很晚的学生出校门，在甬路上，他们有的抱怨着写不完作业，有的抱怨着天太黑要走很长一段时间夜路会害怕。我便叫停了路队，让他们抬头一分钟，月色如水，如瀑布一般泻下，学生们一下子就安静了下来，眼眸里有了光。停了好一会儿，我说道："最近我们每晚放学天都还没完全黑掉，你也总是埋头赶路，如果不是今天放学晚了一点，如果我们没有抬头看，我们差点忽略了这最美的风景。所以别抱怨，一切都是最好的安排！"

陶行知先生主张"把笼中的小鸟放到天空中去，使他能任意翱翔，是要把学校的一切伸张到大自然里去"，利用自然界的天然育人环境和充足的自然资源，对传统班会模式进行拓展延伸出的一系列户外主题班会及活动，有助于充分发挥户外独特教学条件的优势，更好地服务于学生的心理健康教育和习惯养成教育，促进学生的全面发展和健康成长。

第七节　打造班级协调组
——与任课老师合作的误区与对策

打牌的人都知道按照"大小王、2、A、K、Q、J、10、9、8、7、6、5、4、3"排序，前牌压过后牌，所以如果规则是摸七张牌，你的对家摸到的全是"大小王、2、A、K、Q、J"这样的大牌，那么结局是否已经被定好了呢？

真正会打牌的人告诉你，如果你摸了7张5一起冲锋，对家就是打不了你，只能眼睁睁地看着你走他前面。

这也给我们的班级管理带来了一些启发，有时候能力较强但各自为政单打独斗的老师们，并不一定能赢过虽然能力较弱但心往一处想、劲儿往一处使的老师们。

作为班级任课教师中的核心成员，班主任在班级协调组中扮演着统筹协调的"指挥家"角色，而每位任课老师就是你手下的"将士"，为你征战沙场，二者相互成就，彼此依赖，如果没有班主任的班级管理，任课老师在班级里上课将"寸步难行"，如果没有任课老师的课堂时间，那么班主任的班级管理就如同"空中楼阁"，所以，班主任和任课老师的配合就显得尤为重要了！

可现实情况却是，班主任和任课老师之间存在着合作上的一些误区，不仅出现了单打独斗的情况，偶尔还会出现相反的作用力，干扰着班级管理的正常运行。

下面就来介绍几个班主任和任课老师合作过程中出现的常见误区。

1. 越俎代庖，大操大办

有的班主任，在任课老师和自己沟通班级问题后，总是想要帮忙解决问题，但方式方法不当，往往会招致学生的反感，更不利于任课老师开展工作。

例如，任课老师在听写过后，将几名成绩不理想的学生叫到办公室谈心谈话，耐心地给他们指明问题和改进措施，让其今晚改正后明天带来，并把这部分经常出现问题的学生名单给了班主任一份，让班主任留心看看其他科目有没有问题，这个时候通常绝大多数的班主任在不了解事情经过的情况下会把学生叫到办公室劈头盖脸一顿训，甚至要求学生放学后留下过关后再走，原本已经下定决心好好改错的学生们挨顿训后反倒是撂挑子不干了。

2. 只管布置，不管通知

我在一个班级上地理课的时候，遇到了一件非常尴尬的事情，当时的我听到一个特别好的答案，于是决定给这名学生加5分，正当学生兴高采烈地回头找组长加分的时候，有个学生打断了他，"张老师，我们班主任说了，要控制分数，就算答得再好，贡献再大，最多只能加2分！"其他同学马上起哄，"就是就是！这是班主任说的！"我尴尬地说，"没事儿，就加5分，剩下的3分，我相信凭借这位同学的答题语言和规范，一定很快就赚到了！"虽然勉强稳定住了局面，但这件事儿还是让我心里觉得很不舒服。

班主任在班级管理过程中和学生交流达成一致的想法和要求，如果没有通知到任课老师，会让任课老师的课堂陷入一定的被动局面，也可能会导致学生和任课老师之间矛盾的产生。

3. 挤占课堂，德育"先行"？

临近期末考试，每周都有一节级部统一复习副科的课程需要班主任代为看管。当天的任务是背诵历史某个章节的提纲，历史老师巡视解疑答惑，最后的10分钟默写背诵的内容。任务下发后每个班级都在热火朝天地复习着，但有个班级却格外安静，历史老师着急地推开门想催一催学生，却被班主任制止了，"我们班的学生状态不好，我正在让他们反思应该怎么对待课堂，什么时候想明白了什么时候再背诵。"最后，历史老师拗不过班主任只能尴尬地退出了教室……后来默写内容的分数下来，这个班因为只用了比别的班少了一半的时间背诵，成绩果然不理想，历史老师又被领导叫去谈话了。

有很多班主任喜欢在课前、课后、课间做学生的思想工作，这都无可厚非，但是在其他学科的课堂上挤占时间，用所谓的德育"先行"做学生工作，反而会让任课老师的任教学科在学生心目中的地位大打折扣，同时也会让任课老师对班主任产生一些不好的想法。

4. 不懂变通，激化矛盾

其实，在任课老师和学生之间传话的时候，班主任是要灵活一些处理的，过于诚实反倒会激化双方矛盾，导致更多想不到的情况发生。

例如，一个班的科任老师因为过于严厉的教学风格被班里的学生私下起了外号"灭绝师太"，有一天这位老师阴着脸批评了一名上课说小话的女同学，因为是当着全班同学的面批评让她脸上挂不住，于是哭着跑出了教室，最后被同学们劝了回来。当晚女同学的妈妈就给班主任致电质问老师的做法是否合规，并询问了学校领导的联系方式，班主任在电话里安抚了家长并承诺第二天帮助孩子和任课老师解决矛盾。

结果第二天跟任课老师沟通的时候这位班主任直接指出了老师做法中不合理的地方，并希望任课老师能跟这位学生道个歉让这事儿翻篇儿，班主任直接的做法让任课老师非常下不来台，虽然最后好说歹说也是跟那名女同学表达了自己的歉意，但这之后在这个班级上课时任课老师再也不管纪律了，于是这个班的成绩持续下滑，女同学也因为这一次的经历，让她在其他学科的课上更加放肆，最后连班主任的课上都敢随意接话……

5. 面对反馈，不以为意

任课老师能看见班主任看不见的问题，这是因为学生都有欺软怕硬的心理，在班主任面前存在一定的"伪装"。所以，任课老师向班主任反馈的问题一定是真实有意义的，但很多班主任却看不破学生的这层"伪装"，对任课老师的反馈不以为意，导致问题产生。

例如，有次我向一个班的班主任反馈他们班最近地理课状态不佳，感觉学生非常疲惫，学不进去，希望班主任能帮忙在班级层面调查一下这个问题的成因。但班主任却说在她的课堂上不存在这种情况，也没有其他任课老师向她提出这个问题，所以她打算让我再观察观察。碰了一鼻子灰的我只能自己挨个儿找学生来问话，后来发现原来是班主任学科布置的作业太多，导致他们没有休息够所以才显得疲惫，于是我调整在她们班的上课策略，少讲多练，很快就恢复了课堂活力，但除了我和班主任学科以外的科目在下一次考试中都没有考好，这也让这名班主任意识到了我说的问题，匆匆投入整改。

那么，作为班主任，如何才能正确避开这些常见的误区，和任课老师

形成一股强有力的教育合力呢? 星火班施行的以下策略可供大家参考:

1. 随时沟通,开好班教导会

因为星火班在我的带领下一直在进行新型班级管理办法的尝试,所以经常会有更新后的班级要求颁布,每当这个时候我都会在班级的协调组群里给任课老师们发一条群消息,并安排课代表把每个老师通知到位,确保所有老师都知晓并有据可依,快速上手。

除了日常的信息互通外,我还会在每次大型考试后和任课老师们坐在一起,很正式地谈一谈班级整体的问题和需要老师们配合去做哪些事儿,同时也要沟通好弱势、问题学科的一些策略实施,让所有任课老师都知道班级目前的工作重心向哪里倾斜,好同频共振,协调作战。这里截取我们班某次班教导会我的发言片段给大家分享一下:

家长: 咱们班级家长的力量非常强大,特别配合学校工作,关键看大家是否能够通过和家长发私信、家长会上沟通、家长群内调动等方式让家长行动起来! 让家长在日常辅导时就有个抓手,不要等拿到成绩的那一刻让家长找到咱,就不好了。

学生: 因为咱们班刚换了新老师,有很多老师不了解这批孩子,大部分有问题的学生表面上很会装样子表现很好,背地里是会偷懒不完成作业的。但如果他发现你很严格,他长时间钻不了空子,自然就会老老实实地跟着你学,咱们班的学生潜力很大,有的是提分空间! 所以,咱们所有任课老师就统一在各项课堂规范上下死命令,严肃处理,绝不姑息,我一定通力配合大家!

学科: 分学科来说,三大主科中的数学是老大难的问题,在初一时就有很多学生听不明白,躺平后连带其他科目一起不学,后期我们班主任也抓得特别累,所以希望数学老师能多来班级里走动走动,因为这帮孩子底子差,能够及时发现问题我们也好及时抓孩子解决。

对于英语的学习,虽然我们班的成绩很好,但我觉得学生存在一定吃老本的问题,并没有端正的英语学习态度,这也是我所担心的,所以请英语老师不要轻敌,希望这学期学生们的英语学习能更踏实一些,有一些实实在在的进步。

历史和道法老师还是需要多关注我们班的课堂,这帮学生会比较懒,历史和道法这种需要背诵的科目明显不如理解类的地理生物好,但也从侧面说明,历史和道法的课堂学生是存在听讲问题的,没听懂回去背诵吃力,更不背了,希望大家能抓好课堂,毕竟课堂才是学习的主阵地。

最后,提几点共同的要求:

1. 课堂规矩一定要严格:不安静不上课,如果遇到学生说闲话就停下来看着学生,直到他安静下来为止,不要为了完成进度一直讲下去,这是没有用的;坐姿要求要严格,这帮学生老是坐得东倒西歪,方便他们转头说话;加减分只能给小组,不能给个人,最多一次2分,辛苦大家统一标准。

2. 请大家课前三分钟一定到位,管理学生,按时下课,准点下课!不拖堂!

3. 加餐要求全程保持安静,大家可以布置一个背诵或者阅读的任务,不要讲课了,对孩子们来说这段时间他们是听不进去的。

4. 个别学生的问题解决不了的可以跟我说我来解决,班级整体问题一定要告诉我,或者在协调组群里面说一声,也给其他老师提个醒。当然,我发现班级哪些同学的问题,我也会在群里及时知会大家,大家协助一起灭灭火。

5. 班级有个抽签桶,里面有红黄蓝绿原木色5种颜色,代表5个层次的学生,大家可以分层提问。

我替孩子们感谢大家的辛苦付出,星火班还需要仰仗和大家的配合!我们一起加油!

2. 树立威信,积极宣传

如果某位任课老师的课程在你的班级不受学生重视,那么学生们的成绩一定不会有好的起色!所以,你可以从这些事情上下功夫,帮助任课老师在班级树立威信,站稳脚跟:

(1)正向介绍,闪亮登场

星火班的第二年,我们班的任课老师发生了大幅调整,可以说除了我以外的任课老师都换了一个遍,平均年龄直线下降十几岁,因为初一时我们班的配置都是有经验的老教师或者骨干教师,所以这次我会比较担心学生、家长欺负这些年轻老师们。

因此,我精心设计了每一位老师的介绍词,这里切忌用力过猛,夸大其词,让学生、家长在日后发现任课老师并没有你宣传的那么厉害,产生巨大的被欺骗感这并不是一件好事,只需要尊重事实,找准老师身上最亮眼的闪光点把它表述出来即可,偶尔也可以贬低自己来抬高任课老师的地位:例如"语文老师是师范第一学府北师大的高材生,拥有强大的学习力,你们要是能从语文老师身上学到一二,那你们也可以进入各个领域最顶尖的大学!","咱们这个数学老师曾经连续几年带中考都押中了好几道原题,我也带过中考我都做不到押中原题,这得是研究了多少题目才能具备的技能啊!所以大家在听课的时候一定不要放过任何一道题!平时也要多问问题!争取让数学老师在咱们班能讲更多'有可能、有价值'的题目!"等等,剩下的便交由学生日后在和老师的相处中自行探索。

(2)发现亮点,放大功劳

我不认为做好事要做在明面儿上,但我同样认为作为班主任要把任课老师负责任的一面展现到明面上,让学生、家长感受到他们认真负责的工作态度,肯定他们的付出,帮助建立良好的家校关系。

所以在我靠班听课或者巡课的时候,便会瞅准时机拍摄几张任课老师的照片,在班会课上放给学生们看:每天早读数学老师在走廊站立批作业的小身板儿;语文老师怀孕时挺着几个月的大肚子慷慨激昂讲着课;生物老师牺牲自己吃午饭的时间给吃完饭早回来的学生讲解上课没听懂的题目……有些因太过常见而被学生们忽视的场景甚至会让他们泪目,更加能够体恤老师不容易而尊重老师们手批的每一份作业,撰写的每一条留言。

星火班每次取得好成绩时,我都会在表扬学生的同时和学生们宣传这次考试中老师们付出的努力,例如生物老师用他自己的课给大家进行思想动员,缓解大家的心理压力;语文老师为了帮某些同学追回批错的5分从一楼到四楼来回跑了3趟;数学老师为了让大家在考前有更多的时间和精力复习,自己先做完了十套模拟卷子,然后给大家删减题目到大家看到的2张"押题卷"……提醒学生功劳的取得也有任课老师的一份。

(3)参加活动,强化关系

每当班级参加活动的时候,我都会邀请任课老师来看,不管是比赛还是表演,都会第一时间告诉学生们:某某老师来为我们班加油啦!

如果来不了,我也会表达他们的遗憾"你们的任课老师因为要开会,所以只能远程为你们加油了!"有时候因为活动参与时间过长导致某一科作业的取消,我也会跟学生说是任课老师看咱们班拿了第一非常开心,作为奖励,今晚没有作业!因为大量地"参与"和"被参与"到学生们的日常活动中,学生们跟任课老师的关系都非常亲密,有些学生在出现情感问题、家庭问题后除了我也会选择和任课老师倾诉,大大强化了师生间的关系。

3. 引导反思，弱化矛盾

学生和任课老师难免会在日常管理中产生矛盾，班主任的处理就显得尤为重要了。

首先，事情一定要尽可能控制在学校里解决处理，一旦回家学生再添油加醋地和家长一反馈，很多事情处理起来就会非常棘手。所以当学生下课第一时间找到你告诉你某某同学和老师发生了冲突，你最好能够第一时间处理这个问题，避免产生不好的影响。

你要做的第一件事就是调查清楚事情的原委，可以叫几个学生分开把事情写下来签字保留证据。两种情况要分别对待处理：

如果就是学生的问题，那就一方面提前找任课老师提前沟通，告诉他自己的处理想法，另一方面在学生冷静下来后，客观公正地陪着他分析整件事情的经过，并让其代入老师的角色思考问题，大部分的学生都能够很快就意识到问题并主动找老师表达歉意，而任课老师因为提前通过交流已经知道你的目的，所以就会借坡下驴，因势利导，顺利把学生拉拢到自己阵营。

如果是老师的问题，一方面要把学生请到办公室，安抚好他的情绪，避免他说出不该说的话，在教室里制造不良影响，待其情绪稳定下来后，引导其意识到自己的情绪过于激烈，导致和老师的争吵也有错误。另一方面需要找任课老师沟通，这个时候任课老师一般都会意识到自己的错误处于比较紧张的状态却又不肯向学生低头，所以要先表达对老师的理解，甚至说如果自己在气头上可能也会有如此做法，借此安抚老师的情绪，并帮助其分析这件事情可能的处理方法，创造安静的环境引导任课老师主动和学生道歉，这个时候往往学生也会为自己没有控制好情绪向老师表达歉意，顺利实现化干戈为玉帛。

理想班集体的打造，除了班主任培养学生自主管理外，很大程度上需要依赖工作伙伴们为你巩固班级管理成果，在你临时有事时及时补位，为你免去后顾之忧，只有和任课老师们相互配合、群策群力，才能实现共同成就，达成教育的"同频共振"！

第二章　日常管理找问题

第一节　一日之计在于晨
——早读时间利用

如果我们没有早读，这30~40分钟左右的时间你打算用来做些什么？

关于这个问题，在星火班进行网课期间，已经有了答案。

第一天上网课结束前进行总结的时候，我公布了第二天的安排——因为要早起做核酸，所以第二天是没有早读的。

结果第二天第一节课前的上线情况特别不好，有好多同学都是被电话通知或者在群里通知后才上线的。

当时我特别生气，问学生们上课前本该属于早读的时间他们都做了什么，有11位同学说自己起晚了，利用这个时间下楼做核酸多排了好久的队，有1位同学说自己利用这个时间多睡了半小时，这些都还好，还有5名同学被举报趁着早读的时间联机打了一把游戏，当然，也依然有35名同学依旧坚持着早读的习惯，像是班长R说自己跑到阳台上关上房门大声背书，先是利用20分钟背过了一篇语文文言文，又用了20分钟背过了一单元的英语单词……

那天早上是我跟同学们第一次直观地感受到——原来一个早读的时间就能产生这么大的差距。

"一日之计在于晨。"早晨是初中生一天之中头脑最清醒、记忆力也最好的时间，利用好这个时间段，对学生学科学习力的提升一定会有所帮助！

而且，像语文、英语这种需要足够阅读、词汇积累才能提升分数的学科，如果只靠一天一节课45分钟的知识讲授、晚上回家后30分钟的作业巩固，想要提升阅读理解能力、写作能力显然是不现实的，因此大部分的老师会把对这方面能力的训练放在早读来进行。

可是，从目前的早读情况来看，学生却普遍存在早读的低效甚至无效问题——任课老师没到位前学生昨晚自己手头的事情就开始逗引他人，任课老师到位后学生又开始昏昏欲睡，大有一副"管你怎么要求大声背，我就是不张嘴"的架势！

那么，面对早读中遇到的一个个难解题，有什么好主意可以帮助班主任们引导学生做好早读时间的利用呢？

问题一：学生来了没事做

针对这个问题，需要班主任做好对课代表的培训，在前一晚放学前就指挥课代表把老师布置的早读任务抄写在黑板上，方便第二天有同学早到位后有事可做，早早行动起来，形成良好的学习气氛，后来的同学就可以高效进入学习状态。前期养成习惯后，课代表自觉就会落实这项工作，不需要再去提醒。

同时，我也会设置一些奖励机制，例如在我进教室之前开始早读任务并呈现良好状态的同学，考核分+1，并在家长群公开表扬等形式进行激励，让学生自觉养成入室即学的良好习惯，解放老师早读开始前的时间。

问题二：有事做，但效率较低

在最开始对学生进行早读培训时，学生到位时间几乎都比平时提前了，但早读结束时完成的任务量却并没有发生什么变化。

我便在监控里留心观察了一下他们在老师到位前的早读状态，很快就发现了问题——大部分的同学到位后会缓慢地整理书包、桌洞，看看课表，再发会儿呆，直到估摸着班主任快来了才开始提速，给我呈现出一幅"美好"景象。

你说他没学，他也在学，你说他学了，白白耽误早来那些时间，没有紧迫感，没有内驱力，全靠老师推着学，这样的早读不是我想要的。于是在我跟任课老师研讨过后，制定了新规：

我把班级52名同学根据学科成绩进行了两两对抗分组，按分组的名字呈现在一张PPT上。

放学前，我在全班面前演示了PPT的操作方法：打开文件—幻灯片播放—在左下角选择画笔—背诵完成后在姓名后面打√，并叮嘱经常早来的几个同学，早上到位后第一件事儿就是打开这个PPT，进行背诵PK。

有学生会问背过不需要找老师、同学检查直接打√会不会有作弊的嫌隙，这里要明确跟学生强调，老师绝对信任大家，在早读老师来后，会在大屏幕中已经打√的同学中任意抽3人检查，如果全部过关打√的同学都加分，有一个不过关，则全体同学加分取消。把诚信问题的惩罚结果砝码加到最大，学生出于对其他同学可能会造成的丢分影响也不敢在没有背诵熟练的情况下上台打√。

简单来说，这项规定就是给学生们的早读安装了一个内驱力软件，自从施行新规以来，学生们的积极性大涨，因为竞争对手和自己实力差不多，为了干掉对方，每个学生到位后都能够快速投入"战斗"，来晚的同学看到自己的对手已经行动起来，手中交作业的活儿也跟着快了起来，再也不会出现等老师来了再努力背书的景象了……

问题三：任务没有分层

新规施行一段时间后，新的问题又出现了，有很多能力较强的学生在高效完成早读任务后，便开启了新一轮的"无所事事"，这个时候就会出现时间浪费现象。

因为初一的学生还没有完全掌握自主学习的能力，所以这个时候你告诉这些能力比较强的学生让他们在任务以外再自学一会儿，他们会无从下手，且每个人做的事情不同也没有加分的统一依据。所以，最佳方案是跟任课老师沟通好，在布置任务的时候进行分层，像我们班在后续早读任务的布置中一直是这么运行的：

以某次英语早读为例，英语老师刚刚结束Unit1的教学，因此这节早读课的主要任务就是复习Unit1的重点知识，预习Unit2的内容。教师先综合学生的近期表现、学习能力和基础知识掌握情况等基本学习情况，将学生进行分层，同时也将早读任务分成任务A、任务B和任务C，三类任务的具体内容如下：

任务A：

1.复习Unit 1的重点单词和短语

2. 复习Unit 1的重点句型结构

3. 复习Unit 1的语法知识

任务B：预习Unit 2的重点单词和短语

任务C：预习Unit 2的重点句型结构

其中，全部学生需要完成早读任务A，完成后还有时间的，可以试着完成任务B；英语平日在B等级的学生需要完成任务A与任务B，学有余力的学生可以完成任务C；英语平日在A等级的学生需要完成任务A、任务B与任务C。

完成一项任务后加一项任务的分，这样可以刺激A等级学生的竞争意识，也可以提高B等级学生的积极性，更可以给C等级学生一个较容易实现的目标，还有"跳一跳，摘个桃"的挑战空间，也能让他们找到自信。

有了以上三种方法的应用，我们班的早读状态很少让我操过心。有时候就算任课老师早上紧急请假，学生们也能根据黑板上的任务有条不紊地开展各项早读工作，早早进入学习状态的学生们也能够非常顺利地过渡到后面课程的学习，开启学习力满满的一天！

第二节　瞄准作业质量，让改变真实发生

我有一个习惯——每天早上都会翻一翻教室门口窗台上放着的作业，看看学生们做得怎么样，尽管不教这些学科，但我始终认为，状态是相通的，如果孩子的语数英作业书写潦草，笔触龙飞凤舞，那他准是心思浮躁，必定要在课堂上搞出点动静；如果数学作业空了几道大题，缺失做题痕迹，说明他遇到难题会轻而易举选择放弃，以后再遇到任何一个需要思考的问题都可能会知难而退；如果作业上洒了水渍、笔油，我的脑海中马上会浮现他前一晚一手端着水杯，一手转着碳素笔，悠然做作业的景象，那就更不用说作业插图被画的面目全非的小孩了，试问这样低效的作业习惯，不会影响其他学科的学习吗？

所以，作业的质量问题就成了我在新组建班级之初重点关注的一个

问题。

我做过很多对作业质量提升的尝试,例如"打造精品作业"的微班会,评选星火班十佳"优秀作业"比赛,作业漂流活动等等,这些活动成功让班级大部分学生主动提升了自己的作业标准,也攻破了那些作业质量总是出现问题学生的惰性心理。我们今天就来分享几个行之有效的方法:

一、"打造精品作业"微班会

每周学校会统一安排一次主题班会课,但有些问题的解决却具有一定的时效性,所以,我经常会进行一些时间非常短,聚焦问题十分具体的微型班会。

这次的微班会就是我早读时抽查作业时突然想到的,距离前期优秀作业评选活动已经过去了两周,学生们当时对作业标准提升的热情早已淡去,连翻几本,在字里行间又能看出一丝浮躁的迹象,于是决定得给班级的学生们补一针强心剂了。

我先是展示了翻盖手机和智能手机的图片,询问学生同样的价钱,你会想要购买哪一部手机?毫无疑问,孩子们都指向了智能手机。

"翻盖手机和智能手机的制造者可能会是同一位劳动力,但生产两款产品的时间和精力是完全不同的,谁来为我们讲一讲这种区别?"

"成本和利润成正比嘛,张老师这个问题这么简单有什么提问的必要吗?"

我笑了笑,继续提问:"如果让大家生产一部手机,每天只能生产一部,卖的钱都归大家,大家会选择生产哪一部手机呢?"

"那当然生产智能手机啊!有钱不赚是傻子。"A同学首当其冲的发言引发了班级同学的爆笑。

"可是生产智能手机累啊!时间成本多高!"我反问道。

"嗨,想要有收获,哪可能不付出?"班级里的其他同学们都在附和。

我适时抛出下一个问题:"那如果把手机换成作业呢?"

好多孩子马上反应过来了,有几个作业总是出现问题的孩子害羞地垂下了脑袋,A同学起身说,"作业也是一样,你写作业的质量也会决定你学科成绩提升的效果。"

"'决定'一词有些绝对,但影响绝对是很大的。我们两周前都见过班级十佳作业的书写、关键词圈画、改错标准，对标自己的作业也都提出了几点提升方案，到现在，有谁用心坚持去做了，请起立。"

有8名学生站了起来，我投屏了他们在改变之前和之后的作业本，差距之大，令全班同学无不惊呼，并报以赞扬的掌声。

最后我总结道："所以，请同学们不要再观望了，这8位同学已经用自身的经历告诉我们，精品作业也是可以被打造出来的。而且，通过作业标准的提升，他们的书写、对细节的打磨关注、整理习惯、时间观念都有不同程度上的加强，这些都叫做'利润'，这些良好的习惯一定会帮助他们在后面的考试中取得更好的成绩！"

二、"作业漂流"主题活动

在"打造精品作业"微班会后不久，能明显感受到同学们的作业质量提升非常明显，但整个班的作业中还是会有1/10左右的糊弄版，于是我决定要开展一个活动个个击破这些患有"写作业困难症"的学生们。

这个活动就是"作业漂流"。

班会课上我当着全班同学的面，公布了这项活动的规则：

1. 每一天，你的语数英作业本将会被交换到不同同学的手中，请不要寻找它，关注好你们手中其他同学的作业本，另起一页，在左上角写好班级姓名，并认真完成当晚的作业，第二天翻开上交。

2. 第二周，老师会再次收取并进入新的一轮漂流，漂流活动会持续一段时间，请同学们认真严肃地对待。

我讲完规则停了两秒，班级里响起了此起彼伏的哀嚎，作业做得好的学生为自己命途多舛的作业本感到难过，生怕它的上面出现难看的字迹；作业做得不好的学生也难过，难过的点在于不想让自己潦草敷衍的作业被别人带回家去展示给父母家人，这些在计划范围内的声音并没有打乱我的节奏。

当晚课代表随机发作业前，我偷偷地给他们交代了工作——优生的作业发给中游学生，中游学生的作业发给学困生，这个操作是为了让中游学生和学困生都能找到自己的最近发展区；而学困生的作业要发给优生，是因为优生的作业留在他们的本子上，在漂流结束后还会对他们产生新一轮的刺激……果真，又是一片哀嚎，但挣扎无用，学生们还是按照要求完成了当晚的作业。

第二天我早早地站在走廊里，准备验收成果，除去抓到一个没带作业的同学外，其余交上来的作业都比他们正常的写作水平要高很多。我叫住一个交作业的学困生，表扬他作业楷体字写得特别工整认真，他不好意思地告诉我，自己其实练过书法，只是之前总想着糊弄完作业好出去玩，而这次拿到他人的作业，提笔落下的每一个字都在告诉自己"认真对待这份作业。"

这也从侧面说明，第一周的漂流活动取得了阶段性成功。

第一周周末放假前，我又进行了一次作业漂流，这次也跟课代表进行了私下的"交流"——第一周漂流活动中停在学困生手中的作业发给学困生，中游学生的作业发给中游学生，优生的作业发给优生，且每份作业都是在竞争对手间交换发放，这是为了在漂流结束后进行作业质量的对比，引发学生新一轮的学习动力。

果然，在得知这是竞争对手的作业后，孩子们的斗志马上被点燃了，因为在第一周中孩子们的作业标准已经有所提高，如果想超过你的对手，只有比第一周再好一点才可以……任课老师反馈，那个周末学生们的作业写得比另一个平行班好特别多。

第二周的周末开始前，孩子们顺利拿到了自己在外漂流两周的本子，都没想到的是，前面作业回回得A+等级的作业本，漂流到的同学不论成绩高低，作业得分也一定在A等级以上；前面作业每次都是C等级的作业，后续作业也神奇般的得到了A、A+等级，个别作业是B等级，C等级的作业几乎没有。

孩子和家长们都很喜欢这次的漂流活动，那个周末有好几个孩子的家长找到我说作业漂流期间，孩子一回家就开始写作业，拖沓的问题再也没有发生过；还有的家长反馈作业漂流结束后，孩子们良好的作业习惯被保留了下来，很长一段时间里家庭都没有再爆发和作业相关的争吵。

虽然作业漂流的适用对象比较有限，只适用于作业本类的作业，教辅类的漂流并不适合。但通过这次的作业漂流活动，我们也在第三周的班会上研讨并表决出适用于所有学科，所有作业类型的星火班最新作业标准：

1. 要心无杂念，高效、高质量地完成作业；

2. 做作业的时候不翻笔记或者课本，如果实在不会，可以调换任务顺序，先复习当日所学，再完成作业；

3. 做作业的时候需要有标记（例如圈划题干中的关键词、画辅助线等）；

4. 做作业的时候需要计算时间。（用时钟给自己倒计时，规定时间结束时必须停笔，找出自己做作业慢的原因，并寻求问题的解决）；

5. 做完作业后不要对答案，有不会的题目可以做标记；

6. 不利用一切网络途径搜索答案、查询思路。（容易查着查着就玩起了手机，当前大部分同学还做不到自觉，所以统一禁止）；

7. 如果不交作业，主动告诉老师并说明理由及补救措施；

8. 每晚给自己设置一些"弹性"作业，即复习或针对自己个性化的作业（但写"弹性作业"并不意味着你能降低学校布置作业的标准）；

9. 及时完成改错作业并经常定时更新错题本；

10. 绝不以牺牲第二天的课堂听讲为代价，熬夜写作业。

这份作业标准被我们班学生唤作"作业法十则"，我把它打印出来，在教室中进行了张贴，这是班级同学举手表决通过的作业标准，也需要全体同学的落实维护，如果哪些同学违反了里面的规则，课代表或者小组长都会领着他们去"作业法十则"处打卡反思。

相信看到这里，大家都已经发现，初一阶段的学生学习动力欠缺，如果缺乏持续性的刺激，不能够帮助其对"作业质量"和"学习成绩"之间建立关联，但同时，这一阶段的学生相比较高年级的学生更具有可塑性，即便有问题也更容易被修缮，更容易被从懒惰的泥沼里唤醒。因此，以上几个关于作业质量提升的方法并不是相互割裂的，而是环环相扣，螺旋上升，指向改变真实发生的。

第三节 如何制定一份有效班规

随着教育改革的深入，教育教学活动更加尊重学生的个性，越来越鼓励学生创新和个性发展，在此背景下，我们又该需要一份怎样的班规呢？

产生这个疑问是源于进行班级管理时进行的一次错误尝试：

在最初组建班集体时，我在网上搜了一份模范班班集体班规，觉得人家写得特别好,只有铁的纪律才能锻造优秀的班集体,便直接照搬套用,在班会上带领学生们一一学习了各项条例,并在学生的叫苦连天声中进行了班规的张贴。

刚刚施行班规的第一个月,班干部们管理班级前会到班规前查找后再给予学生加减分,学生们也严格遵守班规班纪,很大程度上解放了我的管理,但随着时间的推移,问题也跟着出现了:一是我带第一个班的学生们都比较内敛腼腆,不爱说话,班规中对纪律极度苛刻的要求确实使得班级管理变得特别顺心,但也从侧面助长了学生们不回答问题的风气,有一些优生害怕自己质疑他人的行为打扰课堂干脆不举手不发言;二是班级里有几个同学一下课就研究班规,面对班干部的指责,成功钻了班规的好几个空子,逃脱了惩罚并以此为荣,尽管事后积极亡羊补牢修补班规但这种"钻空子"的行为仍旧屡禁不止……

最后,这份不合时宜的班规被我撕掉,宣判了这次班规制定的失败。

这里和大家探讨我在这次的班规制定过程中存在的几个误区,希望新手班主任们不要再遇到同样的问题。

误区一:照搬他人班规

每个班级的班级情况都不一样,同一份班规对于不同的班级培养效果是不一样的,如果照搬套用,最终的结果往往不是向着你想象的方向行进,还有可能会出现安静的班级变得更加沉闷,活跃的班级变得更加调皮这种反作用力,因此,我们需要根据班情制定能反映班级个性的班规。

例如,我们可以根据班级整体风格:有的班级整体沉稳安静,班规制定时便要有想办法调动学生积极性的条例,有的班级整体活泼好动,班规制定时便要着重强调遵守纪律的条例;也可以根据班级发展情况:班级发展情况特别好的,班规制定便要强调标准,追求卓越;班级发展情况不是太理想的,便可从学习习惯入手,强调日积跬步,养好习惯等等。

误区二:班规自己定

现代班级管理提倡把学生当作这间教室的主人,让学生真正为了班级去考虑自己的行为是否合乎规矩才是长久之计,所以班规的制定绝不能是班主任的"一言堂"。

因此，班规的制定应该是民主的，全体同学共同参与制定的，因为只有他们打心底里认可这份班规的内容和意义，才会更愿意积极主动地去遵守规矩。

误区三：补救班规

"亡羊补牢，为时未晚。"当班规中的某些条例不适合这个班级的整体发展时，该补充、修改、增减一定是必要的。

但案例中让学生抓到班规漏洞的把柄，频频违反纪律推动班规的调整更新，则更像是为自己的错误埋单的一次次被动行为，只会让学生平添对班规的不信任，进而转化为对你班级管理能力的质疑。

所以，我们应该在制定班规的初期就把班规分为静态规则和动态规则。

静态规则具有普遍性，较为稳定，从敲定之初就最好不要出现调整，侧重于规定学生应该做到的行为和身为班集体一份子应该承担的工作，是对学生规定的基本行为规范和纪律要求，重在培养学生的基本行为习惯和自律能力，建立团结友爱的班级氛围，如遵守纪律、尊敬师长、爱护同学等。

动态规则对行为的规定则更明确具体，适用于特定情境，侧重在这些特定情况下学生们应该怎样做或不应该怎样做的规则，重在针对具体问题提供具体可操作的行为要求和做法，如"禁止携带手机进学校""禁止在教室吃零食"或"看到不文明行为要告诉老师、班委"等。

静态规则需要在班规制定后反复强调和学习，动态规则需要在班规制定后根据特殊事件出现时的实际情况加以研讨补充。

明确以上几个误区后，我在星火班组建后又进行一次班规制定尝试：

首先，为了能提高效率，争取在一节班会课上制定并通过班规，进入运转。我把班级的静态规则分为了5个大类：

学习规则类：例如新授课、习题课、复习课、自习课、早读、晚托等时间的规则；

作业规则类：分为平时作业管理和周末作业管理。把作业规则从学习规则中单独拎出来也是基于星火班学生频繁出现的作业问题进行的调整；

纪律规则类：分为课间纪律、课堂纪律、三操纪律、餐厅纪律、上下学纪律等；

卫生规则类：分为教室卫生、餐厅卫生和值日生打扫卫生规则等；

德行规则类：这个涉及范围就比较广，主要是针对学生的行为操守进行规则的制定。

划分完成后，我指定了两位班长、一名体委、五名最善于进行小组管理的小组长和卫生一直保持得特别好的两名同学，十个人组成议事会，先根据班情每一类规则研讨出几条班规。

在班会上，我先是给学生们讲了和尚分粥的故事，强调了班规建立的好处和必要性：

一个寺庙中有和尚若干，每餐都要分食一锅粥，又没有标准的度量工具，于是，他们试图建立一种制度，公平合理地解决斋饭分配均衡的问题。

刚开始，由方丈确定一名僧人专门负责分粥事宜。大家很快发现，这名僧人碗里的粥总比别人的又多又稠。换了一名僧人，结果还是同样。于是，方丈决定改为所有的僧人轮流主持分粥，每个人负责一天。这种"轮流执政"的方法看似公平，但却导致了很多僧人一旦掌权，就要狠狠地"捞一把"的恶习。

专人负责制和轮流执政制均不可取，方丈就让大家推举一位德高望重的、大家都信得过的老僧来主持分粥。这位德高望重的老僧人，起初还能公平分配，过了一段时间，也逐渐为自己和自己亲近的人多分一些。

在道德和修行都靠不住的情况下，方丈决定大家共同讨论分粥的体制改革问题，于是，选举成立了"分粥委员会"和"监督委员会"。执行了一段时间，公平是基本做到了，可是在具体分粥的时候，"监督委员会"常常对"分粥委员会"的工作提出这样那样的挑剔，"分粥委员会"又据理力争，如此争论不休，待达成一致再分粥的时候，粥早已凉了。

最后，他们决定实行每个僧人轮流值日分粥，并且明确规定：负责分粥的人必须最后一个领粥。令人惊奇的是，在这个制度下所有人碗里的粥每次都是一样的多，比任何量器都准确。

引导学生们发现——好的制度能造就好的班级管理，好的班级管理会让班级中的每个人收益。因此，制定班规是非常必要的。

又对班规的制定提出整体要求和想法，在学生对班规的制定与使用达成共识，接受并悦纳班规时，再提出让他们自己制定班规。

然后十位同学便两两分组，每组分区域带领8~9名同学对前期制定的规则进行研讨通过，也可补充新规。

最后，每组上台宣读规则，宣读一条同学们举手表决一条，超过70%也就是35人就通过，再进行下一条的表决。

这里的表决会发现有几个同学总是不举手，他们之中绝大多数是认可班规的，只是这份班规的运行会影响他们的利益不愿意举手，好在日后违反纪律时有"当时制定班规时没举手"这个理由，这个时候也可以反过来让不同意的同学举手，并说出反对理由，让小组成员都看到他们没有举手，为班规的顺利运行铺路。

当然，也会有反对的同学能提出更好的规则，大家要积极地给予尊重并听取建议，不要觉得同学们经过商量才制定出的班规就一定是最好的。

只要提出来，我们就进行民主投票，选出最合适班级的规则，尽量让班规的静态规则能实现平稳运行，不要进行频繁的变动更改。

然后，每个大类的负责人把修改后的班规纸条汇总给班级的登分员，由他进行登记整理，第二天打印出来张贴，进行公示后便投入使用。

但只有规则没有考核，这份班规就没法成为班级管理的指挥棒，所以，我们在班会的最后也通过了综合素质考评分在班规中的加减分制度。

为了方便记忆和清算考核，我们加减分都是一分一分的来，能加分的尽量不减分，给其他学生加分也同样能起到一定效果，也不至于让分数差距过大导致有同学追不上产生摆烂心理，但德行类中的规则如果出现违反的情况直接扣5分，同样，对班级有较大贡献或者行为突出的好人好事也是奖励5分。

为了班规能够激励到更多的同学，防止出现不作为的现象，我们也设置了一些评价机制：

1. 每周班规量化考核总分前5名，评为当周的"班级标兵"；

2. 每周班规量化考核总分低于5分或者扣分超过10分的同学，喜提和班主任座谈10分钟奖励；

3. 每月更换座位时，按照当月班规量化考核总分排名，前3名优先选座；

4. 学期结束，以本学期班规量化考核总分为主要依据进行三好学生等荣誉称号的评选，并按照数值大小排序，按比例进行优秀-良好-合格的等级上报。

星火班的班规自运行以来在很长的一段时间内都没有出现问题，老师和班委们依托班规进行赏罚，白纸黑字的写着，班级里不会出现异议的声音，学生们也乐意接受他们自己投票选出的规则，出了问题被扣分也能够欣然接受，积极补救也完全有机会追平对手的考核分，所以在做学生工作时靠着班规也着实给我减轻了不小的麻烦。

最后展示的是星火班的班规。

时间段	具体规则
一、学习类	
课堂	1. 课堂积极回答问题，正答率高，被老师表扬+1； 2. 课堂笔记记录非常工整认真，被老师表扬+1； 3. 高效利用自主学习时间，被老师表扬+1； 4. 在小组合作探究某个问题时，积极参与，被老师表扬+1； 5. 听讲认真，听写/抽背满分/答案准确+1。
课间	1. 积极问老师、同学问题，被老师表扬+1； 2. 及时整理本节课的笔记，完成后再自行休息，被老师表扬+1。
早读	1. 按时到位+1； 2. 到位后高效开始早读任务，被老师表扬+1； 3. 如有需要背诵的任务，能主动张嘴大声背诵带动全班背诵氛围的，被老师表扬+1； 4. 早读结束前完成黑板上的任务，并签字+1。
自习	1. 听从班长管理，按时回到座位，保持安静开始自习任务，被班长表扬+1； 2. 自习课高效完成自己制订的计划，且完成任务量较为充实，被老师表扬+1。
晚托	1. 听从班长管理，按时回到座位，保持安静开始写作业，被班长表扬+1； 2. 高效完成自己制订的晚托作业计划，且完成任务量较为充实，被老师表扬+1；
二、作业类	
平时作业	1. 每天晚上晚托开始前把所有作业记录在作业本上，老师表扬+1； 2. 早读开始前在指定位置完成作业的上交，并且按照规范写好班级、姓名，不给课代表添麻烦+1； 3. 作业书写工整认真，被老师表扬+1； 4. 作业完成质量高，被老师表扬+1； 5. 作业漏题空题，且没有任何痕迹，被老师批评-1； 6. 作业胡乱涂改/书写潦草，被老师批评-1； 7. 作业未完成就上交/没有带作业-1。

续表

周末作业	除了和周末作业一样的规则外,补充说明需要使用手机的作业超过使用时间,被老师批评-1。
三、纪律类	
课间纪律	1. 走廊、教室、厕所里不允许疯跑、打闹、大声喊叫,如有违反被记名字-1; 2. 不能打扰主动学习的同学,如果提醒后依然不改-1。 3. 如果有外堂课或者跑操,规定时间内站好路队保持安静,被老师表扬+1。
课堂纪律	1. 随意打断老师讲话/接话把/胡乱作答,被老师批评-1; 2. 携带违规物品进课堂,被老师批评-1; 3. 上课走神/打瞌睡,被老师提醒后依旧不改-1; 4. 上课和周边同学闲聊/玩游戏,被老师批评-1; 5. 积极协助老师管理课堂纪律,被老师表扬+1
三操纪律	1. 一下课,马上在走廊站好路队,规定时间内站好的+1; 2. 室外跑操跟上队伍,脚步整齐,口号响亮被体委表扬+1; 3. 跑操无故掉队,体委提醒后依旧不改-1; 4. 室内操、眼操按时回到座位,清空桌面,被班长表扬+1; 5. 室内操、眼操动作规范标准,被班长表扬+1。
餐厅纪律	1. 一下课,马上在走廊站好路队,规定时间内站好的+1; 2. 带去餐厅的过程中自觉成两路,跟紧队伍,保持安静,被体委表扬+1; 3. 在餐厅里疯跑、嬉笑打闹、大声喧哗-1;
上下学纪律	1. 一下课,马上在走廊站好路队,规定时间内站好的+1; 2. 带出校门的过程中保持安静,跟紧路队,被老师表扬+1; 3. 在路队中不服从老师管理,嬉笑打闹、大声喧哗被老师批评-1。
四、卫生类	
教室卫生	1. 小组所在区域的卫生情况检查良好,被老师表扬+1; 2. 书包柜中物品摆放整齐,被老师表扬+1; 3. 卫生检查最差的三个小组-1。
餐厅卫生	1. 吃完饭后忘记扶起餐椅/倒掉餐盘垃圾-1。 2. 吃完饭后脚下有垃圾没有捡起来-1。
值日生打扫	1. 值日生以小组为单位承包卫生区,清扫干净,被老师表扬+1; 2. 值日生负责的卫生区被通报批评-1; 3. 逃避劳动,规定的值日生不去完成自己的卫生清扫工作-1。

续表

五、德行类	
爱党爱国	1. 热爱祖国，热爱中国共产党，升旗仪式、唱国歌等严肃场合严禁嬉笑、打闹等行为，违反者-5； 2. 不允许以任何形式拿国家开玩笑，违反者-5。
诚信	1. 作业、测验、考试出现抄袭行为-5； 2. 出现问题时没有和老师说实话，撒谎-5； 3. 包庇同学，做假证-5； 4. 体育课、跑操没有假条也没有正当理由逃避运动-5。
尊重	1. 尊敬师长，不顶撞、辱骂师长，违反者-5； 2. 尊重班级管理队伍的同学，进行班级管理时积极配合工作，违反者-5； 3. 尊重同学，不私下议论、造谣其他同学的事情，违反者-5。 4. 不说脏话，辱骂他人，违反者-5。
珍爱生命	1. 任何时候不要拿自己的身体开玩笑，自残，违反者-5； 2. 出现对他人的欺凌行为-5，并计入档案。
备注：知错能改，积极补救/用自己的行动征得当事人原谅可以抵扣减分。	

第四节　拆解课堂
——专注力训练月

星火班刚刚组建之初，我在靠班发现问题的过程中，开展了一系列指向班级日常管理的提升活动，其中，关于课堂的提升活动指向两个重要"作用力"：专注力、记忆力，分别历时一个月开展训练工作。

接下来的两篇文章会从这两个"作用力"出发，介绍一下星火班两次课堂能力提升月的组织策略，本篇文章介绍的是专注力训练月。

乌申斯基说过："注意是心灵的唯一门户，意识中的一切，必然要经过它才能进来。"（郑日昌，等，2022）所以，只有集中注意力，由"分散"到"专注"，才能真正进入深度学习状态，后续的学习活动才有可能真实开展。

初中生这一群体相比于小学阶段,神经系统已趋于完善,专注力水平也有了显著的提高,可以说,专注力发展的最快的阶段就是初中时期,所以,对专注力的训练,是有价值的。

但在我对班级同学的观察下,发现大多数初中生的专注力发展似乎除了一定的问题,那么问题背后的原因是什么,又该如何正确应对施加干预呢?

一、没有明确的目标指引

记得在刚入职上地理课的时候,如果讲到最后有剩余的时间,我会进行当堂内容的小测看看学生这堂课的听讲状况,大部分的老师都是这样操作的,每当这个时候,学生们都会不约而同地哀嚎起来,这突如其来的任务搞得他们非常被动,小测的效果也并不理想,那段时间我天天在我们班的地理课堂听讲上下功夫小测成绩也不见起色。

但同样的操作,也是到课堂最后进行小测,为什么我们班的英语老师每次都夸奖我们班学生课堂听讲非常专注,所以小测结果一直不错。这个问题的答案在我听了英语老师一节课后被解开了,原来,英语老师会在每节课开始的时候在黑板上写下几个字"下课前5分钟听写,听写内容为当堂所学。"真的就是这几个字的差别,就能明显感觉到她的课堂上学生们的专注力更高,要求背诵、问问题的时候也会更加积极主动,最后5分钟下发听写纸的时候大部分同学也都是一副胸有成竹的样子。

而那造就这一差别关键的几个字,便是一份明确的课堂目标,它就像一根小皮鞭,在你的专注力想要"溜号"时抽打你使你回归课堂。

训练策略一:

专注力训练月中,我们在班会课上做了约定,每节课上课前要在《星火日记》本上写下这节课结束的时候自己要达成的三个目标,例如如果一节课有听写任务,那么听先达到的分数便是判断这个目标是否实现的依据,再例如有同学在日记里写道:"这节课我要熟练背过某某知识点。"那么课堂结束的时候他若能合上书本对照题目轻松背诵,他便达成了这一目标……如果有同学一天8节课每节课都能完成目标任务量的2/3及以上,便给予其考核加分奖励。

这项任务其实可以理解成为你的课堂制订一份计划,并监督它的落实情况，这样就可以在专注力迷路的时候，用计划中的目标帮我们进行导航，从而回到正轨，而且在复盘反思这份课堂目标的完成情况时也能从完成的目标数量的数字中感知到你的专注力有没有得到提升。

二、没有找准适合自己的"最近发展区"

不知道大家有没有给初中阶段学生最容易溜号儿的学科排个名，如果排除老师的因素外，第一一定非数学学科莫属。

首先学困生容易溜号儿，揣摩其心理不难发现，当老师在黑板上讲解某道中等难度的问题时，因为学困生本身的理解能力偏弱，消化知识偏慢，所以往往跟不上课堂进度，需要在最后留出时间反刍消化，所以很容易在听不懂的时候否定自己不听了，不听就更不会，到最后更是直接摆烂。

其次优生也容易溜号儿，因为作为优生，大部分的同学对于中等难度的问题其实掌握已经足够熟练，平时在家也没少下功夫训练，这个时候谈巩固基础可以，但总是让其巩固基础，这样的课堂没有挑战，优生也会觉得没意思。

所以，每次旁听数学课的时候，我就感觉自己像在玩"打地鼠"游戏，眼神儿不停地游走在那些溜号儿的学生身上，但仅仅只靠我的监督缺少他们的内在动力对于提升专注力是没有什么实质性帮助的。

于是，我跟数学老师便把解决问题的目光锁定在了学生们的"最近发展区"上。

训练策略二：

维果斯基的"最近发展区理论"，认为学生的发展有两种水平：一种是学生的现有水平，指独立活动时所能达到的解决问题的水平；另一种是学生可能的发展水平，也就是通过教学所获得的潜力，两者之间的差异就是最近发展区。（王东旭，2020）

一节课结束时的最佳状态是能达成一个对自己有所挑战的任务，这个任务不能太难，让自己望尘莫及，也不能太简单，原地踏步没有收获，简单来说，"跳一跳，摘个'桃'"，这个用力起跳能够摘到的"桃子"，就是符合最近发展区的任务。

所以在和任课老师统一思想分层教学外，还需要班主任帮助学生认识到最近发展区的存在，引导学困生明确自己只是比别人步子小些，通过不断找准自己的最近发展区,以数学学习为例,可以跟任课老师沟通,舍弃最后的难题怪题和中等题的后两道,把突破点放在简单题和中等题的前几道上,多练习典型例题和错题,在能够熟练作答后再慢慢加码,也能够攀登到自己想要到达的高度。

引导优生明确自己的最近发展区,及时和任课老师沟通自己的想法,明确哪些浪费时间的题目可以砍去不做,试题应该做到什么标准,也可以拜托老师布置一些能够让你有所提升的事情。

这里没有提到中游生,因为大部分老师的课堂都是侧重于中游学生的掌握程度设计的,既然已经有了这么有针对性的最近发展区指导,中游生只要做到跟紧老师的步伐,坚定踏实地走好每一步就够了。

三、情绪不稳定,易导致心理压力

我们班有一位"变色龙"小J同学,为什么说像"变色龙"呢,因为他的情绪就像天气一样瞬息万变。

前一秒回答对了一个问题腰板儿挺得倍儿直,俩眼睛瞪得跟葡萄一样大,非常专注于课堂听讲,后面就有可能因为老师批评了他一句马上情绪低落,虽然还在听讲,但明显目光已经无法聚焦在你的身上了。

那么减少批评是否就可以避免这个问题了呢,其实不然,大部分情况下,学生的情绪变化都是自发产生的,例如当学生不喜欢一个老师或者总学不好某一门学科时,整节课都会情绪低落,虽然其他同学没有小J同学这么明显的变化,但课堂上情绪的波动还是会形成无形的心理压力,干扰学生们的专注力。

训练策略三:

专注力训练月中的第二次班会上,我带领学生们分析了星火班的整体发展为什么好,学生们你一言我一语说了很多,我也进行了总结:首先是班级里的学生习惯好,基础教育阶段平行分班,每个班整体的入校成绩都是一样的,之所以会产生分化,就取决于我们前期进行的一系列活动帮助提升了学生们的学习习惯;其次是班级里的老师好,"学校里把最优秀的老师都派来咱们班了。"例如语文老师是学校的语文教研组长,非常具备试题的研究意识,大家做的很多试卷都是语文老师出的;数学老师是名牌大学的毕业生,学习成绩非常优秀,教学成绩更是不在话下;英语老师是学校的骨干教师，连续几年带毕业班，这个教学能力就不用我多说什么了……

其实每个班的老师和学生都有自己的优势，但我们可以锁定学生的排外心理，引导他们说出自己班级优势的这个过程中，他们自然就能自己形成一种积极的心理暗示——我们班就是最好的，在这个班级学习生活就是最好的。

所以我适时抛出问题，那同样的老师，同样的教学内容，同样的上课方式，为什么并没有向我们预期的那样一节课下来人人都会呢？这是因为每个人处理情绪的能力、方式不同，面对同一个问题，一直沉浸在低落的情绪里，和积极往好的方面思考快速调整情绪专注地投入战斗，收效一定不同，所以既然我们班已经占据了这么多的优势，就请同学们配合好老师，积极地去调适自己的内心，给自己好的心理暗示，一定会取得专注力上的突破，听得有效果，才会有成绩上的提升！

四、难以屏蔽掉的外界干扰

这里说的外界干扰主要有两类，一类是课堂外的：随着科技发展，学生接触到干扰专注力发展的外在诱惑也在逐渐增加，所以班级里那些网络上瘾的孩子往往专注力较难训练，他们不知觉便会从课堂中神游到某个王者峡谷中打野升级，这一类的外界干扰需要先解决其网络上瘾问题，再去解决其专注力的问题，具体操作方法可见文章《和"手机"瘾君子斗智斗勇的故事》。

另一类是课堂内的：可以理解为，教室不是真空环境，每个课堂中都会出现一些难以屏蔽掉的外界干扰，例如在你认真听讲时背后传来讨论八卦的声音、教室某个角落突然发出的一阵笑声、同桌递来的小纸条……这些干扰会对你的专注力产生不好的影响，让你在课堂中的思绪抽离出来，从"专注"变为了"分散"，听讲效果大打折扣。

训练策略四：

就像题目中写到的，这些干扰是随时可能发生的，无法提前预设，但我们可以通过提升自己屏蔽这些干扰信息的能力，尽量减少它们对我们课堂听讲的影响，对于专注力的提升也是一种训练。

我给学生们分享了一种注意力现象——"鸡尾酒会效应"

在嘈杂的室内环境中，比如在鸡尾酒会中，同时存在着许多不同的声源：多个人同时说话的声音、餐具的碰撞声、音乐声以及这些声音经墙壁和室内的物体反射所产生的反射声等，这些声音会叠加在一起形成复杂的混合声波。然而，在这种巨大的噪音环境下，两个坐在一起的人相互聊天，却依旧能听清楚对方说的内容。

这说明了什么？

说明人体可以有意识地筛除掉自己不想听见或者无意义的声音，把注意力专注在想要听见的声音上。

因此，我们在课堂中也要学会努力屏蔽掉一些干扰你听讲的声音。

这里，我也让全班同学排着分享了他们认为在课堂中对自己无意义却会干扰到自己的声音，用这种方式提醒那些总是捣乱的学生注意到他们行为给别人造成的不好影响。

"当然，我知道屏蔽掉它们会有一些困难，毕竟，有趣的玩笑跟枯燥的知识点相比，还是前者更能吸引你。那我们应该怎么办呢？"

学生们你一言我一语地说起了自己的观点：

"我可一整节课一直盯着老师，老师走到哪我盯到哪，视线不离开老师就不会有注意力分散的可能！"

"我可以大声地回答老师的每个问题，老师指定某个同学回答问题，我也在心底回答！"

"我可以跟着老师的思路做笔记，为了完成任务对其它的事情就很难关注到了。"

……

总结一下，不管是用眼睛去看，用嘴巴去说，用手去写，最重要的就是用一些方式去强化你在上课这件事儿，促使你跟着老师的课堂思路走，不能间断，那么当干扰源来的时候你就会有所收敛，主动去进行屏蔽。

五、家庭教育的反作用力

除了学校教育外，家庭教育在专注力培养上的作用也是我们需要着重关注的点，例如，当孩子自主读书、做作业时，部分家长甚至会在一旁聊天、打电话，刷手机导致孩子分心，影响孩子专注力的培养，给我们的专注力训练带来一定的反作用力。

训练策略五：

要借助家长会等沟通渠道让家长认识到专注力对学生培养的重要性，达成家校共识，把在学校对学生课堂上的标准和要求同步到孩子在家中做作业时的标准和要求。

对家长进行指导，引导其及时觉察学生的心理动态，发现不合适的情况及时向班主任反馈，防止出现进一步影响专注力的问题。

针对不同学生在专注力方面的不同状况，要和家长及时沟通，找到导致学生专注力不足的原因，并有针对性地提供解决问题的方案。

例如，班级的同学D，每天的早读连着第一节课都是在连天的哈欠中度过的，其他的课堂也是精神恍惚，注意力经常不集中。后来通过跟其父亲聊天后了解，D的父母离异，孩子常年跟着爷爷奶奶生活在一起，家里老人纵容孩子，疏于管教，导致孩子手机上瘾，每天晚上反锁房间门在里面玩游戏玩到十点多。

经过家访后，家里老人也是答应配合监管，限制手机的使用时间，让D养成早睡早起的习惯。在学校我也增加了跟D同学谈心谈话的频率，及时发现问题进行干预，慢慢的，D同学听讲时的眼里开始有光了，再慢慢的，D同学因为偶然间参加了一次运动会展露出极强的长跑天赋被选入校队进行体育生的训练有了努力的方向，到最后，D同学越来越能够专注在某件事情上，不管是长跑还是学习，专注力的提升也为他原本暗淡的生活增添了一抹亮色。

在和任课老师、家长的齐抓共管下，通过这一个月的针对性训练，很多孩子的专注力都得到了不同程度上的提升，课堂状态也越来越好，很多同学都在《星火日记》里记录了自己这段时间里好的变化与好成绩的取得，这也验证了我的猜想——在良好专注力的保驾护航下，学生的学习效果将会实现稳步提升。

第五节　拆解课堂
——记忆力训练月

如果要问大家的记忆力达到巅峰是在什么时候？可能大部分的人会说是在高考期间，一旦高考结束，很多人都会有一种记忆力慢慢退化的感觉。

细想不难发现这一现象的几个成因——因为高考前通过大量的记忆力训练，掌握了大量的重复、有意识的加工、合理分配记忆内容等记忆方式，而这些方式也成为了我在记忆力训练月中的有力抓手。

一、大量的重复

我们班家委会有位非常焦虑的妈妈，不同于其他妈妈因为孩子不爱学习而产生的焦虑，她的女儿H同学非常勤奋，但成绩却始终差强人意，"再这么下去，我都担心孩子觉得努力没用，放弃自己。"

这位妈妈的担心不无道理，刚巧，碰上语文老师来送听写，我偷偷扫了一眼H的成绩，依旧是不理想，于是，我便拿着这份听写去问H，"你出现这种问题不应该啊，是周末没好好背吗？"小姑娘圆溜溜的眼睛里满是泪花，"老师，我知道今天上午要听写，所以周六一上午我都用来背诵了，甚至连作业都是在给我妈背诵检查过关后才用后面的时间完成的。我真得没偷懒……"后来和H妈妈沟通，当时孩子确实找她背诵了，也确实背诵得特别熟练，甚至这位妈妈还负责地监督H把课文默写了一遍，也没有发现任何问题。

那么问题，到底出在哪里呢？

相信大家都有过背诵英语单词书的经历，一册书不管词汇量的多少，背诵最熟练的单词一定是abandon，因为它永远是单词书的第一个单词，很多人每天从第一页往后翻，见得久了它的发音、拼写都已经牢牢地记在了心里。

而大部分学生在高二时就会把所有的知识点全部学完，高三用一年的时间不断对已学知识进行反刍消化，巩固提升，很多知识在脑海里过了几十遍甚至上百遍，以至于见到题目就能倒背如流，这些都能反映出大量重复会带来记忆力的提升，同样，高考结束后不会再翻看知识点，也会导致记忆的逐渐流失。

所以，H同学的问题就在于没有及时地对已经掌握的内容进行复习，导致记忆的遗忘，这也符合了艾宾浩斯遗忘曲线的规律，即记忆遗忘的速度会很快，接下来就会缓慢递减，直到一个趋于稳定的状态。

所以H同学确实记住了，但也没有完全记住，如果还想要保证在考场上有良好的发挥，还需要做到不断复习重复。

这个案例后来在经过H同学的同意后被拿到了班会课上进行分析，同学们也积极地为H同学出主意，也是在为我们的记忆力训练寻找策略，最终我们得出结论——不要把背诵和巩固放在同一天同一时间段完成，可以少量多次地记忆，例如今天背两个自然段，明天先巩固这两个自然段，再接着背诵剩下两个自然段，后天把全文背诵一遍！

通过这次案例分析，也成功让学生们认识并接纳了重复的力量，复习的力量，后面再有老师让学生们背诵巩固的任务，学生们也都能欣然接受了。

二、有意识的加工

可是，大量的重复需要时间、空间做基础，我们很多时候面临的记忆力任务都是需要短时间内记忆，并且不断地累积叠加新的知识。很多学生在连续几节课的科目学习后会出现所谓"记忆力衰退"的症状，越背越背不过，越记越记不住，这便是大脑疲惫的信号。

但在一堆捂着耳朵皱着眉头大声背诵老师新讲授内容的学生中，总能发现几名早早就背诵完毕，安静举着手的学生，每次提问他们还都能够快速且熟练地把内容背诵出来，再给他们一份新的背诵任务，还是能快速且熟练地背完，并且之前背诵的内容也并没有遗忘。

班会课上，我让他们把高效记忆的方法分享一下。

"我在背诵历史知识点的时候会把这些人物、事迹放在一条时间轴上进行识记，这样按年份背诵就不会有遗漏了。"

"我在背诵地理知识点的时候会把它们和地图结合起来背诵,边画地图边联想涉及到的知识点。"

"我在背诵语文课文的时候会把分段以思维导图的形式记住,这样理清段落之间的逻辑关系就不会有卡壳的现象了。"

根据这些学生的分享,不难发现他们都有一个共同点,就是把需要记忆的知识进行了加工,就像单个去记忆五十颗花生的样子这件事儿要是给了足够的时间本质上并不难,但是需要让你把某一颗花生找出来这就比较困难了,如果你能把五十颗花生根据大小分成2类,再往下根据品种、饱满程度、色泽、气味等层层分类,加工成一根"花生"链,那么当你寻找某一颗花生时,只需要顺藤摸瓜就好了。

所以,对知识点有意识的加工更有利于记忆存储和有效提取。

三、合理分配记忆内容

每当有课程安排变动,大黑板管理员往黑板上抄写新课表的时候,都是全班同学注意力最集中的时候,我很纳闷,有的时候从数学课调成语文课学生们会叹气,有时候从语文课调成数学课他们也会不开心,我偷偷问了一个前排的同学,她指给我看:"张老师,因为如果这么调整一上午都是文科的科目了,您想象一下第一节道法背诵完第二节历史老师听写,第三节语文课文背诵,第四节英语单词默写……我哪能一上午背得过这么多的内容?"

"那数学课调到明天下午又为什么不开心呢?"

"那样的话明天下午就两节数学课了,下午一做数学卷子,下午二讲数学卷子,我们的脑细胞又要被榨干了!"

说到这里我就突然明白了为什么任课老师不愿意在同一个班级连上两节课,说这样学生的状态不好。

因为同质化的学习内容会让学生受到记忆的抑制现象的影响,导致知识的遗忘:

心理学中,记忆的抑制现象主要包括前摄抑制和倒摄抑制两种:其中,前摄抑制是指之前学习过的知识对保持和回忆之后学习知识的干扰作用。例如,当我们学习Their/There/They're这三个词组时,以前学习过的Your/You're词组便会对我们的记忆有干扰,这就是前摄抑制的体现,它表明之前学习过的材料对记忆的影响。

倒摄抑制则是指后来学习内容对先前学习内容的干扰。例如，识记一篇较长的文章，一般总是文章的首尾容易记住，且不易遗忘，而中间部分则常常较难识记，也容易遗忘。这是由于识记材料开始部分只受倒摄抑制的影响，识记末尾部分只受前摄抑制的影响，而在识记中间部分时则同时受这两种抑制的作用。

所以，我马上把下午的一节体育课调到了上午，让学生打破这种同质化的信息干扰，保证学生的记忆效果，同时我也用记忆的抑制现象为切入点和学生们探讨了自己在家复习应该如何合理分配时间和学科，最终得出如下结论：

1. 把重要的、不容易背过的内容放在前面学，例如晚上先学自己的弱势学科，完成后再去学自己的优势科目。

2. 文理科穿插进行复习记忆，例如在做完语文作业后，再写数学题、英语作业，最后再背诵一下当天所学的两门副科，最好也是历史地理，生物道法这样一文一理的搭配，避免造成同质化的信息干扰。

3. 找出不受前摄抑制和倒摄抑制干扰的两个时间段，分别锁定在早上刚来学校的时间和晚托管时间，这两个时间段便是记忆的黄金时间，完全可以用这两个时间段去突破自己背不过的内容！

四、训练提取信息的能力

除了以上三种记忆力提升方法，我也和学生们分享了我在大学做家教的故事——高考知识虽然随着时间推移逐渐遗忘，在大学里再做到高考题只能是脑袋空空一点都记不得当时学了什么背了什么，但在我上了大学勤工俭学去做家教辅导高中生时，只需要让我提前一晚看一遍课本，做一做习题，就能恢复对高中那些需要一个周左右才能学会知识的记忆。

这是什么原因呢？

我们的知识通过加工记忆，其实一直被储存在了脑子里，但新的知识涌来，那些暂时没有用武之地的记忆会被搁置蒙尘，你再想提取就比较困难了。

这些高中的知识在大学阶段我很少有机会需要在脑海中搜罗调度到它们，所以当我后面再遇到高考题时，对记忆的提取并不容易，但当我因为做家教需要大量用到高考的这些知识，必须要能时刻提取它们，所以我的大脑会主动找到尘封已久的它们，把它们复习打扫一遍再进行提取使用。

这也反映了其实记住的东西一直在，影响我们的是提取记忆的能力，因此这个能力必须要有意识地加以训练。

我在学生们做语文作业的时候设置了两个对照组，两组学生一起完成老师布置需要借助上课已经背诵过的课文才能完成的试题，一组学生我让他们翻阅课本进行作答，另一组试题我让他们根据试题努力回忆文章进行作答，这之后我又让学生们默写了这篇课文，结果可想而知，有经过记忆提取训练的学生默写的准确率明显高于直接从课本中找答案抄上去的。

我们共同约定，珍惜好对记忆进行提取训练的每一次机会，跳出自己的"记忆舒适圈"，不在做作业、听写的时候翻课本、笔记。

记忆力训练月里，我们瞄准了"记忆力"这一重要的课堂能力进行训练，带领他们从心理学的角度破解了记忆力的秘密，并制订了提升计划和方案，虽然在较短时间里很难看出成效，但通过对记忆力的学习探究，也确实让学生明确了记忆力的重要性，并更加有意识地监控自己在日常生活当中的记忆力表现，这对于他们已经是迈向成功的一大步了！

第六节　打造自主高效自习课

应该如何上好自习课？

如果是四年前的我可能没有办法回答这个问题，因为那个时候我的任课老师告诉我，他们这个年纪还不具备自主学习的能力，上不好自习课，所以，那个时候我们的课表上是没有自习这门课程的。

但当我送走第一批学生组建了星火班后，学校的课表又赫然出现了"自习"这门课程，且负责人为班主任。自习课怎么上？又该如何培训学生上好自习课？便成了摆在我面前的新问题。

第一节自习课，我跟学生们做好约定，利用这一节课的时间，查缺补漏完成自己没来得及完成的任务和探究不会的题目，下课的时候我要找人说说这节课都干了什么。

我在讲台上站着看学生们的状态，还是发现了自习课的几个问题：

1. 学生不知道时间应该如何分配，总是抬头看时间，硬生生把整块儿的45分钟时间给分割成了零碎几块的时间，这个学科学一会儿，那个学科看一看的；

2. 部分学生缺乏对自习课的认知，把自习课当成写作业的时间，一节课结束，两科作业都快完成了，可把那些利用这个时间好好复习的同学馋得不清；

3. 有学生举手想要问问题，虽然我强调一定小点声儿问问题，尽量不要打扰到其他同学，但窸窸窣窣的声音还是让安静的教室瞬间躁动起来，甚至有些学生在下面用数学练习册当掩护说起了小话。

一节自习课下来效果并不理想，是否果真如之前的任课老师说的那样，他们这个年纪还不具备自主学习的能力，上不好自习课，要不干脆把自习课分给任课老师？但转念一想，学生们面对一门第一次接触到的课程，不适应是肯定的，需要老师及时加以引导培训，且自习课作为学生内驱力提升的重要平台，如果利用的好，不但不对造成时间浪费，还能提升学生学习的自主能动性，让学生学会利用时间，高效学习。

因此，我便开始研究尝试，用"三张清单"打造出星火班的自主高效自习课，下面来介绍一下我的做法：

一、纪律清单为安静学习环境保驾护航

首先需要整改的肯定是自习课的纪律问题，自习课期间因为学生的所选学科各不相同，学习方法也千差万别，老师无法做到很好的监管，所以就对学生的自律意识提出了更高的要求。

但初中生的自律意识尚不完善，需要他律来监督养成良好的学习习惯，因此，自习课必须要制定严格的制度作为保障，使学生有法可依，有规可循，为学生上好一节安静有序的自习课提供强有力的保障。

于是，我在班会课上和学生们研讨了自习课出现的纪律问题及对策，据此制定了星火班的自习课纪律清单：

问题	对策
同学们随时响起讨论问题的声音,干扰自习。	将自习课进行时间划分,前30分钟只能安静进行自己的读、写、练等任务,如果碰到不会的题可以做好标记,后15分钟可以进行背诵、问问题等任务,为了不干扰其他班级的自习课,声音尽量压低。
自习课上学生们翻箱倒柜拿学科文件袋等行为发出声音。	自习课课前3分钟准备好这堂课要用的所有东西,都整齐码放在桌面或者桌洞自己能够到的位置,需要的时候安静、快速更换(这一要求也断了那些手放在下面想做小动作的同学的心思)。
学生在自习课上总是抬头看时间,如果快到下课时间了有些同学就停止手里的任务,开始"整活",制造噪音。	自习课提前制订好计划,预设好每科任务需要的时间,尽量设置大块任务,避免刚进入状态就切换科目,遵循计划要求完成每项任务,同时,我也会在前30分钟结束的时候提醒学生们切换科目,减少他们因为抬头看时间造成的不必要焦虑和其他想法。

这份纪律清单被打印出来每位学生签名承诺,贴到了教室的最前面,如果有违反,我们也有惩罚措施——搬着桌椅到讲台上面对黑板上一节自习课,而我会在讲台上亲自监督他们的时间安排和纪律意识,教给他们如何安静地上好自习课,在1~2名同学两次搬着桌椅哀嚎着上了讲台后,我们班后续的自习课再没有出现过纪律问题。

二、建议清单为自主学习环境保驾护航

关于有学生趁自习课的时间写作业这个问题,一是和任课老师做好对接,尽量不在自习课前布置作业,二是需要引导学生明确自习课和晚托管的区别,明确学校在学科课程进度这么紧张的情况下安排这节自习课的原因,并引导学生们探讨,自习课最应该用来完成什么样的任务。

经过探讨,我们总结出了一份自习课建议清单:

建议一:查缺补漏多做题	想把理科学好,必须多做题,做少了就无法做到真正的掌握。是因为理科的学习重在思路,讲究连贯性,需要集中注意力,认真思考,自习课正是学习理科的最佳环境,这有助于集中精力,不容易开小差,也不会被别人打扰。 这里不能盲目地选择做题题目,需要按照课本例题—错题—跟错题同类型的题目这个顺序进行练习,把缺项漏项趁自习课补好,优生也可以做一些新题、没见过的题型。

续表

建议二：复习当天所学内容	在每天的八节课里，课堂教学量相当大，要求我们掌握的知识量多，知识的难度也很大，因此，在快节奏大容量的课堂时间里，我们根本来不及对所学知识进行完全理解消化，这就需要有一个专门的时间，对一天所学的知识进行巩固。 晚上回家后大部分同学都急于完成作业，留给复习的时间就更少，那么自习课无疑是最佳选择，因为自习课的时间足够长，可以让我们对当天所学的知识都能有所回顾；其次，自习时比较安静，学习氛围比较浓，会有较高的学习效率。 所以，可以趁着自习课复习、补充、完善一下课堂笔记，也可以把上课没听懂的地方趁着自习课的后15分钟问明白，更可以结合老师上课讲的内容绘制思维导图理清学习思路，将其内化成自己的东西。

这份建议清单我印发给学生，人手一份，指导学生自习课应该做什么、怎样做的问题，学生在学会合理选择自习课学习内容的情况下也大大提升了自主学习的兴趣和效果。

三、计划清单为高效学习环境保驾护航

为了让自习课能够更加高效地运行，提高时间的利用效率，我们统一印刷了空白的自习课学习计划清单，每节自习课前发给学生，要求学生利用自习课课前2分钟的时间思考并填写自习课计划，自习课上按计划分时间段进行自主学习，每完成一个时段任务都要及时记录完成时间并进行自我评价，下课后进行回收。

这样，我只需要查看他们的计划完成情况和任务量的多少，就可以知道这节课哪些同学该表扬，哪些同学该谈话，自习课便有了抓手。

虽然每天只有一节自习课，光靠自习课的时间完成一天中所有学习科目的查漏补缺对于大部分同学来说不是一件轻松的事情，但自习课的课程设置及对学生的培训指导，同时也让学生们养成了良好的学习习惯和自主学习的态度，在写作业、做题、听讲等各个环节都更加安静、自主、高效，这才是自习课带来的真正好处！

第七节　养成阅读习惯
　　　　——收集一生的财富

　　记得那是22年6月的一个工作日，地理会考结束后的我正和同事在办公室聊着当年的高考语文作文热搜。同一时间，因为突然的降水，体育老师把学生们都领回了教室，我进教室的时候，他们正在祷告着我的课程安排，每个人都是一副滑稽却认真的样子，我问道："所以你们除了体育外，还想上什么课？""班会！"全班没有第二个选项，"那我们就上班会。"制止了他们的庆祝行为，我继续说，"但这是突然加课，我没有准备课件，你们喊我过来的时候，我正在看今年的高考题，所以，我的U盘里只有今年的几份高考题，咱一块儿来看看吧！""没问题！"班级里的学生摩拳擦掌，准备迎战。

　　于是我把高考热搜上的全国甲卷语文高考作文题目展示给了他们：

阅读下面的材料，根据要求写作。（60分）

　　《红楼梦》写到"大观园试才题对额"时有一个情节，为元妃（贾元春）省亲修建的大观园竣工后，众人给园中桥上亭子的匾额题名。有人主张从欧阳修《醉翁亭记》"有亭翼然"一句中，取"翼然"二字；贾政认为"此亭压水而成"，题名"还须偏于水"，主张从"泻出于两峰之间"中拈出一个"泻"字，有人即附和题为"泻玉"；贾宝玉则觉得用"沁芳"更为新雅，贾政点头默许。"沁芳"二字，点出了花木映水的佳境，不落俗套；也契合元妃省亲之事，蕴藉含蓄，思虑周全。以上材料中，众人给匾额题名，或直接移用，或借鉴化用，或根据情境独创，产生了不同的艺术效果。这个现象也能在更广泛的领域给人以启示，引发深入思考。请你结合自己的学习和生活经验，写一篇文章。

　　要求：选准角度，确定立意，明确文体，自拟标题；不要套作，不得抄袭；不得泄露个人信息；不少于800字。

　　我念了一遍题目，又停了半分钟，眼看着每个人的眼睛里都是满满的迷茫,于是我叫了班级里作文写得最好的L同学,"张老师,我看不懂题目。"又叫了语文成绩最高的K同学,"张老师,我也没读明白。"最后,我叫了从初一以来每晚坚持阅读1小时课外书的Y同学,"从这段材料中我读出来三个关键词依次为:移用、化用、独创,对应了匾额题名的三种方法。而'贾政点头默许'的是贾宝玉独创的'沁芳'一词,所以我认为,这篇文章是强调我们要创新,如果我要写,我就写创新。"经Y同学这么一解读,班级的同学一下子豁然开朗,纷纷鼓起掌来。之后,探讨的声音也更多了,"我认为,可以写传统文化的传承,既要保留,也要推陈出新!""是不是也可以写当下都在追求创新,传统文化越来越无人问津?"学生们你一言,我一语,也基本对这篇作文进行了较为细致的解读。

在孩子们期待的目光中,我打开了第二篇试卷,第三篇试卷……我惊讶地发现,不管是哪一个学科,孩子们在读题这个环节都很艰难,哪怕是和初中阶段有一定衔接的历史题目,一旦加上大段的材料,孩子们的作答就会中止。

我们班的语文成绩一直很好,学生们不管是课堂听讲还是写作业都很认真,课堂活跃度也很高……如果不是这节临时的班会课,可能我压根儿不会意识到孩子们阅读理解能力培养的迫切性。

所以,在新一级星火班组建后,我便开始着手系统性地培养他们的阅读习惯。

一、一份有价值的生日礼物

通过在新班级的家长群发收集表进行调查,发现大部分学生在家庭里基本上没有阅读的行为,而家庭恰恰是最核心的阅读场所,也是培养阅读兴趣和打造阅读基础的摇篮,现代社会家庭阅读的不重视导致了学生阅读基础的缺失,这也为我对学生们的阅读习惯培养带来了极大的挑战。

因为是刚刚组建的班集体,我跟家长之间还没有建立深厚的联结,所以我打算先从学生入手,促使学生的阅读意识提升,再带动家庭阅读。

于是我马上找出全体学生的名单,整理出了一份生日花名册,每个月初,我会为这个月过生日的学生挑选一本书,并对应写好对孩子们的期望,等待生日时亲手送给他们。

这里的书以人物传记、散文集、杂文集为主,选择要关注学生的喜好,理想，或者是薄弱科目。例如H同学非常喜欢足球，但是因为注意力分散无法做到训练与文化课学习兼顾，他的母亲打算停了他的足球训练，恰逢他的生日，我一方面趁家访时和他父母进行了沟通，另一方面送了这孩子一本《C罗传》，并给他写道："希望你和你的偶像一样，可以把人生的精彩之球踢进成功的球门。"

没有人会拒绝礼物，也没有人会拒绝礼物上的"小建议"，他爸爸说孩子揭下书上的生日贺卡贴在了自己的书桌前，借以勉励自己。对这本书也是爱不释手，每天回家都要翻几页，细细品读。后来，那孩子收心学习，早上从训练场挂着一脑门儿汗，匆匆赶回来只为抓紧早读的尾巴再多学一点，在不断的努力下他的成绩快速"回春"，母亲也默许了他的足球训练。

再后来，在我组织的一次读书分享中，他提到了这件事："之前我只是粗浅地以为C罗能成为球星只是靠着天赋和大量的足球训练，通过这本书我才知道不去学生物，就无法了解人体肌肉的分布；不去学地理，就无法知晓不同场地环境的适应性措施……所以，同学们，我们要学习的还有很多。我也会努力实现我和老师的小约定，把人生的精彩之球踢进成功的球门！"

生日时用一本有意义的好书叩响学生的心门，同时也叩响了家长们关于学生阅读的重视！

二、读书分享会

如果说生日时的书籍礼物是学生打开阅读世界的钥匙，那么为了提升学生的阅读积极性，还需要一些有关读书的活动作助力，其中坚持最久也是最有效的便是我们班的读书分享会。

每隔两周，班级里会组织一次读书分享会，采取的是主动报名+抽签分享的形式，上台分享的同学需要自己准备PPT，全脱稿进行分享。

分享会的主题是我的三位班长共同研讨出来的：从"好书推荐""共读一本书""名著推介会"再到"我最喜欢的'书中人'""我最喜欢的文段赏析""跟着思维导图看完一本书"，从浅入深，由易到难，所以一开始分享报名的时候，学生们都很积极，但越到后面需要他们分析鉴赏的时候，就能看到班长报给我的名单人数明显减少，这个时候，就需要我出马谈心谈话了。

"这个分享老师琢磨了，非你不可呀。你这个思维能力肯定能从段落中发掘出跟其他同学不一样的点！好好准备准备，下周看你的！"

"分享的同学里面我最看好你！难怕什么，要难大家都难！准备不好不丢人，准备的好还能赚考核赚奖品！"

……

说是谈心谈话，其实就是想尽一切办法让他们先报上名，这里我寻找的对象一般是日常在学校里凡事儿都不主动不参与不积极的"三不"人士，只要行动起来，他们就会发现这件事儿有挑战，但也是可以通过努力完成的，对于这些第一次参与读书分享的同学，我们班的包容度也非常高，再加上分享结束后我的语言渲染，其他学生们的掌声攻势下，这些"三不"人士大多会继续报名参加下一次的读书分享活动。

我们班有两位成绩很优秀的小伙子，但因为口齿不清和结巴，最开始都是属于"三不"人士的行列，就是通过读书分享的锻炼，重新找回了站上讲台的勇气。

因为报名人数特别多，最后还要留出自主提问的时间，大部分时候我们的读书分享会一节课是没法结束的，所以很多次我都需要拿出地理课的时间听他们分享。

每逢寒暑假，我们还会举办两次线上的读书分享——一次初中生必读名著分享，一次假期自主阅读篇目分享。我跟学生们说，读书分享不强制，但每次腾讯会议链接在群里一发，五分钟后上线又是爆满。因为是班长组织，主持人走流程，所以前半程完全不需要我做任何事儿，我就静静地在镜头后面看，看着大部分同学的摄像头那边坐了家长和孩子两个人，甚至三个人、四个人，有的家长还捧着书跟孩子一起紧张地等待着即将进行的发言。

为了带动更多的同学参与进来，最后，主持人会设置一个提问环节，我会问出跟语文老师共同商定出来的几个问题，由学生进行抢答，这些问题的答案都藏在同学们的分享中，需要认真听，认真记才能答对，学生们都非常喜欢这个紧张刺激的环节。

有了读书分享会的推动，学生们的课堂发言更加主动积极，阅读热情也更加高涨，更重要的是，在这个过程中不管是PPT制作，还是线上读书分享，我都能看到家长的大量参与，这为下一步我的家庭阅读计划开展也打下了良好的基础。

三、家庭阅读季

不巧的是，正当我为了开学后更好地推动家庭阅读计划而筹谋，新一轮的疫情又突然来袭，但我并没有放弃这个想法，在开学初的线上家长会上，我先是邀请了班级里读过几百本书的"小灵通"同学的家长从创造与阅读相符合的环境和气氛；家长陪伴——放下手机与孩子共同阅读；阅读兴趣养成与知识积累；亲子关系助力等不同维度做了名为《家庭阅读环境的创设》的分享。

当众多家长都在会议发言栏里为其点赞之际，我又用Chat GPT对当今社会的影响引发家长们的下一轮思考——我们的孩子，如果不能不断地吸收广博的新知，更新自己的知识储备，提升自己的思考能力，一定会被这个社会淘汰，而促使孩子们除了日常学习以外仍能不断进步的唯一途径就是阅读，而家庭阅读是培养阅读兴趣和打造阅读基础的摇篮，也是最核心的阅读方式。

最后，我抛出了关于亲子共读的设想，获得了家长们的大力支持，跟进一段时间后，反馈上来的成功案例也有不少，很多家长在亲子共读的过程中不仅成功培植起包括弟弟妹妹在内家庭成员阅读的兴趣，还增进了亲子间的情感交流，一间小小的书房里可以看到全家安静翻阅图书的身影，也能看到为了一个问题争执辩论，闪烁思维碰撞的火花。

下面展示的是G同学母亲撰写的家庭读书分享活动日记：

我们都知道阅读能让孩子增加知识储备，这是能够陪伴他们一辈子的财富，大道理我们都懂，但真正把道理变成孩子积极阅读的动力甚至是爱好，则要下点功夫。

孩子天生喜欢读书的有之甚少，最初父母的引导、强化以及环境的创造尤为重要，尤其在开家长会的时候老师在讲述ChatGpt时提到将来需要"创新"型的孩子，会思考的孩子，再加上之前老师请班级里优秀家长分享的孩子读书的成功案例，我们俩真的是有点"心动"了，认为必须为孩子做点事情了！

于是，当天晚上我们就召开了家庭会议，会议的主题内容就是《阅读时间的制定》，各自提出自己想要阅读的读书书目和每天固定的读书时间，互相监督，互相激励，并约定下一周的家庭会议时间进行读书内容的分享交流。

第一周，小G同学主动举手，第一个进行分享，分享书目为《给孩子讲量子力学》，里面涉及到牛顿，拉普拉斯等一些物理学家的一些发明创造的趣事。

她讲的饶有趣味，滔滔不绝，也能将自己平日积累的光学跟物理学的一些小知识互相串联起来，爸爸也不时分享一些他的知识见解，整个分享的过程轻松且愉快。

我们对她的评价也一直是鼓励为主，"你现在的年纪就可以懂这么多，现在都可以跟爸爸一起探讨物理方面的知识了！"这些话也让孩子很受用。有了我们对她的表扬和肯定，孩子很坚定地说下周她会继续认真阅读下去，给我们进行分享。

第二个进行分享的是爸爸，爸爸分享的是鲁迅先生创作的《藤野先生》，爸爸先是讲了鲁迅求学时的背景，藤野先生是如何关爱学生，如何爱护弱势学生，又讲解了他跟老师发生的各种学习与生活方面的琐事。最后爸爸也是旁征博引地讲解自己对这篇文章的见解，我跟小G同学都听得津津有味，在点评环节中小G同学居然用了"腹有诗书气自华"来形容爸爸，简直让男同志兴奋过了头！

最后一个是我分享，我分享的是《重点中学》，里面讲的是重点中学孩子的心理特征及这些孩子们是如何调整自己去克服困难的，我分享了其中积极向上的情节，并分享了我最喜欢的一句话"不趁现在故作老成地仔细分析自己，以后真正明白这些事情的时候，再反思就追悔莫及了"。小G同学和爸爸对我的分享都给予了掌声鼓励。

第一周的分享圆满结束。

第二周，还是老时间老地点，小G同学继续分享《给孩子讲量子力学》，开篇给我们讲原子、电子、原子核，一开始自己还很自信地讲着，但爸爸突然发现了问题，这些全是书中的原文，她只是在对照念文段，于是爸爸打断了她的发言，发表了自己的看法，但是越往下讲她自己反而越没有自信了，磕磕绊绊，我俩瞬间明白这是她在硬着头皮在继续讲呢。

点评发言的时候，她垂头丧气，像个做了错事的孩子，我们跟她说，以后看书的过程中如果有不懂的可以查各种资料，如果实在查不出来，可以跟我们探讨，但绝对不可以用摘抄糊弄差事。她也认识到了自己的错误，说这本书里面的内容实在是太深奥了，超出她的知识范围了。我们也看得出她在很努力的做好这件事,所以最后还是鼓励她,下周继续分享,但要更换一个适合自己的书目。

第二周的分享虽然有些不圆满,但也是顺利找到了问题并提出解决方法。

第三周,我们精心布置了场地,桌面上摆了鲜花,还在墙上挂了黑板,仪式感满满地开启了新一轮的家庭读书分享会。

小G同学这次选择的书目是《如果历史是一群喵》,她全脱稿讲解了春秋五霸各自的成长英雄史及战国时期秦国的发展壮大的历史,分享着这期间发生的她感兴趣的故事,再加上她学过的历史知识,重新站上分享台的她浑身都散发着自信的光芒!我跟爸爸非常为她骄傲。

爸爸和我也先后分享了《岳阳楼记》和《月亮与六便士》两篇文章的读书感悟。

这三次的读书分享会,我们也走了一些弯路,好在及时刹车,反思并调整,但是我们始终围绕一个宗旨——我们跟孩子一起享受读书的快乐,汲取书中的知识,相互分享以共同进步。

阅读能力的培养是一个日积月累的过程,短期内难以看到成效,但就孩子目前的阅读情况来说,光说阅读的积极性、主动性提升这一点就是很大的进步,"不知跬步,无以至千里",孩子的成长需要一步一个脚印地迈向成功,坚信我们的坚持必将助她在阅读习惯的养成上一臂之力!

第八节　正确对待"错题本"

之前参加过一个试卷扫描产品的推介会,会上宣传老师大肆宣扬他们的产品有多好,下面的老师都不感兴趣,直到宣传老师说到,"我们正在研究大数据下学生的错题分析,可以根据学生扫描上传上来的错误试题数据定期为学生整理一份属于他的错题集。"老师们马上两眼放光,宣传老师继续讲,"还能根据学生的错题为他量身生成一份新的有针对性的试题,真正达成因材施教!"听到这儿,下面的老师们已经开始鼓掌了,由此可见，老师们对学生的错题有多重视，但同时，我不由地担心起来，这些本该由学生自主完成的错题整理工作若是被大数据替代，到底是利还是弊呢？

为了弄清楚这个问题，我们得先了解错题本的使用价值，这里以数学学习为例进行分析：

一、明确学习短板，精准施策

在数学学习中，学生产生错题的原因多种多样，有时是因为粗心大意，有时是因为题目太难，但更多的时候，是学生的数学基础不够扎实，知识体系存在漏洞或是短板，导致学生在解答含有此类知识点的题目时出现无法灵活应用基础知识等问题。

而学生自身属于"当局者"，只是一味地做题，很难发现知识体系的漏洞，想要修复却缺乏明确的方向，长此以往，学生的数学知识链可能会出现断裂的情况。而错题本则能够帮助把数学学习中的不足充分暴露出来，如果加以分析，会发现每一道错题的背后都可能关联着一个或多个知识点，使学生以错题原因为依据直面自身的知识纰漏，并及时、精准地加以弥补。

二、培养解题思维力

数学解题考查的不仅仅是学生对基础知识的掌握情况，还包括学生的思维力，比如转化、逻辑、逆向、创新、类比等等。

尤其是在初二数学在学习到几何内容时，同一种模型同学们错的比较多的试题一堂课老师讲、学生练、学生讲，反复几遍学生信誓旦旦地说掌握了，结果一测试，同类题目还是错了。

归根结底，这是学生解题思维力薄弱的表现，他们对错题形成了自己的思维定式，即便反复讲解，学生也只是机械化地记住了老师讲的这一道题的解法，并没有弄明白这一类题目的解题规律，所以才会出现"无用功"的情况。

而错题本恰恰是学生自身错误和思维盲点的集合，当错题汇总到一起，学生很容易寻找到自己的错误点，并在整理答案的过程中揣摩分析出同一类题型的解题规律，进而找到预防这类题再做错的合理对策。

三、提高复习针对性

复习是学科教学中的重要课型,但往往在复习课的时候学生的学习效果并不理想,甚至出现了非常多低效学习、无效学习的情况,这是因为复习课一般以先带领他们对学过的知识进行整体复盘,后进行习题训练的思路展开。

由于复习资料和习题在设计时会面向群体,而学情又有区别,所以复习资料无法满足每一个学生的实际需求,不能很好地做到因材施教。

有部分优生在反复练习对于他们而言不可能错误的题目后也会削弱其复习热情,造成时间浪费,不利于培优工作的开展。

而错题本可以帮助学生在复习时明确重点和方向,提高复习的针对性,也能够根据错误的知识点自主完成一些同类型习题,进行强化练习,帮助提高学生的复习效率。

通过分析错题本对于学生的使用价值,不难发现,它促使学生进行的整理、反刍、消化才是最能够帮助到学生学习进步的,也绝对不能被AI技术替代的。

所以,我们应该如何引导学生完成错题整理工作,并正确使用错题本呢?

数学老师经常会布置整理错题本的作业,学生们的错题本在门口窗台上堆成小山包,在不断翻阅、和优生、数学老师询问了解的过程中,我也找到了这个问题的答案:

一、构建自己的错题集合

不管错题本摘录试题数量的多少,我们班的错题本可以很容易被分成两类:一类错题本只停留在抄录错题上,一页纸中的所有错题没有丝毫关系,如果非要强行联系,那大约是从同一张卷子上摘录的吧。

而另一类错题本则是对错题有所整理,分类建构,例如有的同学会按题型分类,常见的数学题型有选择题、填空题、计算题和应用题等,不同的题型解题思路和方法也有所差异;有的同学会按错因分类,错题成因往往是五花八门的,最常出现的错因有概念模糊类、粗心大意类、审题不仔细类和计算错误类等,这需要学生先分析、判断自己的错题原因,再按照出错的类型进行错题整理；还有的同学会按照知识点进行分类，像是几何类、方程类、函数类等等，这些同学的错题本都有对错题进行分类加工后再进行整理的共同点。

如果再细看，第一类抄录型的错题本上没有任何圈点勾画或者二次做题的痕迹，而第二类错题本不管按什么分类方法整理，都能看出来上面有一定的做题痕迹，那么这份辛辛苦苦整理的错题本对于学生的后续复习是否真实起到了作用，其实就不难发现了。

所以，我在班会上和学生分享了错题本的分类整理方法，引导学生们使用活页错题本，方便增删错题，构建自己的错题集合，帮助突破同一类数学问题。

同时，错题本中规范的记录格式也是重要的培训要点。最终，我们参考学霸L同学的错题本格式，要求学生把每道错题的知识点名称、错误原型、原因分析、正确题解等写下来。

具体的整理过程是：先标明错题的知识点名称或出处，把题目和错误的解法用黑笔抄写在本子上，然后用红笔勾画错处，写出具体的错误原因，最后再按照正确的方法和答题要求，把原题重新做一遍，写出正确的解题过程。

如果涉及多种解法，还需用其他颜色的笔进行区分，并标记好学生最擅长的解法，这样整理出来的数学错题本既加深了对错题和错因的印象，也逐步形成较强的解题能力。

二、化零为整，做好"减法"

我们班有一位D同学，一直是学霸L的小迷妹，自从在学法交流上听到了L讲述整理错题本的方法，便每晚拿出大量时间认真整理错题，久而久之，她的错题本甚至比L整理得还要好，字迹工整美观，分类清晰，格式规范，一度被数学老师当成标杆儿在两个班级展示。

但是D同学接下来的几次数学测试成绩仍旧没有起色，整得小姑娘挺郁闷，怎么辛苦整理的错题本就没用呢？

其实，问题就出在她并没有去复习错题本，只是一味地进行整理，只进不出，导致她的错题本越写越厚，自己也越来越不想翻看复习，因此，整理再多的错题，你收获的也只有错题，只有把错题消化吸收，它们才能为你所用，真正促成学习上的进步。

所以，我们要打消错题整理"越多越好"的想法，适当给错题本做做减法，这样可以减轻看到厚厚一本错题本带给自己的畏难心理，让自己愿意去翻看复习。

我跟学生们达成共识，对于错题本，他们可以一天整理，一天复习，用纸捂住下方的答案重新做一遍错题，如果三次都能做对，那么就可以把这道题从自己的错题本上"请"出去了，经过做减法的错题本也更容易在复习时关注到薄弱项，而不是漫天撒网，浪费时间。

最后，由于学生之间的数学基础和思维方式不同，错题本中收录的错题也存在差异性，虽然部分学生在某类题目上没有出错，但也可能是误打误撞的结果，并不代表着日后不会犯同样的错误。对于数学等理科学科来说，错题永远是最具价值的，他山之石可以攻玉，从别人的错题整改思路中，也能帮助自己规避可能会发生的错误。

所以，我们也会定期举办错题本漂流活动，引领学生们互相借鉴取经，强化自身的解题能力和规避错误的能力，也可以从自己的角度帮助分析错题本主人错误原因，分享自己在解决此类题目时的独到技巧，用便签纸写下来贴在上面，方便对方参考整理，从而促进学生之间的共同进步和提高。

第九节　打好考试这场仗之考前"心理仗"

临近期中考试前，来找我诊断的学生越来越多。

班长R在内的好几位优生都确诊了"高原病"，据她的描述现在每个学科都已经进入复习备考阶段，她的成绩平时在班级里一直很优秀，但这几次老师组织进行的当堂检测效果却是越来越差，晚上她想要进行补习的时候翻开课本就感觉那些熟悉的知识压得自己喘不动气。

还有部分学生在考前出现了"情绪病"，日常很安静的D同学就因为一次测试成绩不理想，下课后因为朋友去上厕所没等她蹲坐在地上嚎啕大哭；平日里乐观开朗的W同学突然变得唉声叹气起来，课间经常能看到她一个人在走廊里望着窗外发呆……

而这些病症，在考试结束后的第一时间就会治愈，所以我们完全有理由把这些病症归类为"考前心理疾病"。

小考考习惯，大考考心理。所以，要想打赢考试这场仗，无论是老师、学生还是家长，考前的"心理仗"是必须要积极备战迎战的。

下面就来谈谈具体做法。

一、进行心理调适主题活动

通常情况下，造成学生一切病灶的压力一般来源于过度的想象和不合理的比较。其中过度的想象来自过度关注考试结果，对此，我称之为预支烦恼，它往往会导致学生提前焦虑，影响最终的考试结果。

因此，我设置了一个"逆向推理"的活动，在班会课上带学生们做了，并进行了记录，活动流程如下：

1. 把你心目中对考试最坏的结果写在纸上，并写出这个结果可能会导致的所有后果。

2. 逆向往前推理为什么会出现这个最坏结果，要具体到考试成绩出来前的每一个环节，一直写到此时此刻我们在进行这个活动的时刻。

3. 换一种颜色的笔，正向推理，按先后顺序在每个环节的旁边写出"要是你再添加1%的努力，你会通过什么方法达成。"，最后的结果会发生怎样的改变。

4. 最后剩余的时间里，你能达到的最大的努力是百分之几，你就写百分之几，用同样的方法再正向推理一遍，看看最后的结果又是如何。

这里呈现的是班长R的活动记录：

1. 最坏结果：跌出班级前十，被爸爸妈妈批评，没收手机。

2. 逆向推理：因为考完数学后和别人对了答案，一直沉浸在自己考试失利的情绪中难以自拔，影响后面科目的考试；

太想赶快做完把时间留给后两道大题，结果前面的简单题目没有时间检查，后面的两道大题也没有做出来；

数学考试时非常紧张，一上场大脑就出现短暂的空白，所以在审题时总是会出现这样那样的失误，写步骤的时候也出现了遗漏；

因为我语文成绩一直还不错，且考试前对数学的担心让我看了一早上的数学题，没有翻看语文的相关内容，结果上了语文考场，才发现一道日常背诵特别熟练的古诗文默写题死活想不起来答案了，这让我心情特别沮丧，影响了后面的考试作答；

　　考试前一晚因为持续紧张所以导致我晚上拉肚子了，睡眠质量也特别差，我觉得我一定考不好了；

　　考前复习课上我虽然也认真听讲，没有走神儿，但好像无论怎么努力都比不过那些男同学，他们好像不用特别努力就能解出我需要钻研很久的数学题，这让我特别沮丧，做题的时候经常闷闷不乐，没有干劲儿。

　　3. 1%的努力：考前复习课上我不和别人比较，只想着我自己是否听懂听会，不会的题目我下课会去第一时间找老师问明白，这样虽然男生们掌握得比较快，但我也通过我的方式掌握了，不比他们差在哪里；

　　考试前一晚我肯定会紧张，所以我制订了计划，告诉自己只要完成计划上的任务我的复习就很完美了，其他的事情我担心也不会有进步，所以干脆就别想，吃好喝好睡好，其他的听天由命！

　　第一科考试考什么，我在考前就复习什么，张老师说课本和错题本在考前最有帮助，所以为了避免紧张让我什么都想看什么都看不下去，所以我就复习这两样，老师要是来讲我就抬头认真听，说不定老师讲到的某个知识点就会变成考场上的原题；

　　数学考试发下来试卷的时候，整体看了一下题目，难度很大！但我相信，我不会别人也不会，我的优势在于我很严谨，简单题只要写了检查完就不会出错，简答题只要我会步骤上面我就不会失分，所以我要保证在我的优势能完全发挥出来的基础上挑战一下最后两道大题，能做出来最好，做不出来？做不出来别人也一定不会！

　　考完数学后为了避免对后面学科的影响，我没有选择对答案，而是去走廊里对着窗外深呼吸了几次，调整一下情绪，在进入下一科目的考试后，我就不再想上一科目的事情了。

　　通过我的改变，我的成绩稳定在了前十名的位置上。

　　而第四项班长R没有写，而是用一段话替代了：最后还有5天就期中考试了，我不想给自己设置特别大的目标，那会给我极大的压力，我相信，1%的努力也可能会有100%的收获，加油小R！

那次活动结束时，很多学生都围着我，说自己已经把每一步最差的做法和最坏的结果都想完了，发现自己可以通过小小的调整和努力就能让每个环节好一点，再好一点，最后达成结果的正向转变，所以进步好像也没那么难。从那之后，学生的焦虑情绪明显减少了，转而出现在我眼前的，是他们实实在在为迎考付诸行动的身影。

另外，考前还有一个压力来源于不合理的比较，是指考生选择了不恰当的参照物，例如更优秀的同学，现行的教育环境下，不是所有孩子都需要时刻被小鞭抽着前行，给他们找竞争对手只适用于学生日常学习中缺乏动力的时候，如果是在考前，大部分学生都背负一定压力的情况下，只有和前一阶段的自己比，才是最合理的选择。

所以临考前，我带他们深入地进行了一次自我比较活动，先在纸上写出语数英政史地生七科的上一次考试成绩，再列出这次的目标成绩，并分析自己在这段时间里习惯上的哪一点突破会帮助自己拿到进步的分数，这里一个好的习惯只能对应一分，再对应修改目标分数。

例如数学原本的分数102分，而原本定的目标分数是108，那么5分的进步空间中1分是取自这段时间自己每天晚上都会拿出20分钟整理数学错题；1分是取自这段时间每节数学课下课都会问老师、同学问题，讲过的题目再做错误率比之前降低了很多；1分是取自这段时间经常和同桌互相讲题锻炼思路，但是剩下的2分实在找不到出路，多以需要把目标分数改为105分。

相反，如果在这段时间里某个习惯距上一阶段的自己有所下滑，也要扣除1分，然后算出七科总分。

通过这样的计算，既省去了学生每次虚高的目标分数给自己和别人带来的无形压力，同时也让学生们把关注点从提升分数转变为养好习惯上，从而更加积极主动地备考。

二、借助家庭教育的力量

很多时候，学生产生考前心理压力并不是自身原因，而是父母的"陪学综合症"导致压力的间接转移。

关于"陪学综合症"可以总结为四大症状：第一种是唠叨不休型，这类家长天天在孩子耳边唠叨考试的重要性；第二种是过分体贴型，这类家长则是嘘寒问暖，每次放学都要凑上前来把每一节课、每一位同学都追问一遍，但孩子感受到的却是莫大的压力；第三种是与人攀比型，这类家长会把孩子和其他孩子作比较，而且只跟好的比，借此给孩子提更高的要求；第四种是要求过高型，这类家长喜欢放狠话，凭借孩子眼下的能力只能上职高，却偏偏要求孩子上高中，还得上重点高中，上不了就不念……不管哪种类型，既然是症状，就说明其实都不利于学生们的备考，更不可能对他们考试这场仗产生任何帮助。

所以，我曾经在一次大型考试前的家长会上跟家长们严肃强调了"陪学综合症"的危害，并分享了应对的策略：

策略一：放下结果、关注过程

对于家长对分数的执念，我给家长们展示了高考的赋分规则，引导家长们明确只看分数高低，不看进步是没用的，真正要施加压力不应该着眼在分数上，而应该通过分数找到孩子的短板，找出丢分的知识点，并分析是什么原因导致这里没学会，又应该如何去进行补救。

引导孩子找出近期整体存在的问题，是不定计划，作业做的太晚没有时间复习，还是上课听讲开小差？整理习惯太差，找不到卷子听课只能听一半？就针对这一个问题开一次家庭会议，好好聊聊如何做，约法三章，设置时间一个周后检查问题解决掉没。

这里的关注过程强调一定要有落实，有条件的每天陪着孩子干，没条件的每个周也要有一次验收工作，初中低年级的学生目前还不具备完全的自律，只关注不落实相当于是单方面让孩子自己去面对考试问题，反而会产生更大的心理问题。

策略二：营造好的亲子关系

"你是'天花板'父母吗？"会上，我问了家长们一个问题。

"天花板"父母即"永远正确的父母"，举个例子，如果你的孩子只报喜不报忧，那么你就是天花板父母。

家庭教育的最高原则，不是正确性，而是有效性。正不正确不是最要紧的，要看家长的教育，有没有用。所以，家庭教育的最高目标是做地板父母，陪着孩子一起经历，努力做到支持、信赖、示弱、幽默，营造良好的亲子关系，只有这样，孩子在考前才愿意倾诉，愿意寻求家人的帮助。

策略三：关注孩子的情绪

7年的基础教育会教给孩子们知识，但并不一定会教孩子们如何处理好自己的情绪，孩子心理教育的主阵地一定是在他的家庭中。

在大型考试前，孩子们面临最大的挑战就是管理好自己的情绪，一旦孩子的情绪起伏不定，负面的影响多了，就会让他们渐渐偏离正确的方向，像有些孩子用必然解释失败，用偶然解释成功，这便是他们已经失去了正确的认知功能。

体育比赛中之所以会出现黑马选手，是因为他们不会被寄予那么高的期望值，没有那么多的想法和压力。

所以备考的这段时间，父母要学会怎样好好说话，不要去刺激孩子，不要点燃孩子的压力感应器。学会正常交流，当孩子跟您分享与学习有关无关的，都要认真倾听，帮助孩子排解情绪，学着做个不扫兴的父母。

完成和家长的思想交流，有了他们在家中为学生们的心理保驾护航，学生们的备考也有条不紊地进入了正轨，开始平稳向前运行。

三、特殊问题处理

在处理考前学生心理问题时，对不同学生的处理我们需要因材施教，不能用同一种方式去对待，这就需要班主任多点耐心，积极主动地寻找突破问题的关键点。

例如两位面对考试表现出"过度浮躁"的学生小G和小F，如果不加以干预，他们的浮躁情绪势必会传染给周边同学，影响学生备考状态，所以得治，还得分情况对"症"下药。

其中，小G的浮躁是来自于上次考试的进步带给他的"自信"，而分析他的成绩则是一直起伏不定，退步时会情绪低落，萎靡不振，进步时就会表现得特别浮躁，拒绝听取别人的任何建议。

对于这类学生，不难看出他对于考试成绩特别在乎是因为背后的不自信因子在作祟，而考前表现出来的浮躁只是他内心不自信的遮羞布，找到问题的根源后，便可在小G同学情绪稳定的时候，以轻松的方式找他谈谈心聊聊天，告诉他成绩有起伏是一件非常正常的事情，肯定他身上的优点，并教给他如何去扬长避短，帮助其找到一个相对稳定的状态。

而小F同学则一直是班里的学霸，成绩虽然有波动但始终保持在班级的前五名，长时间接触到的都是表扬的声音让他十分自信甚至有些自负，所以一到考前的课堂，就成了他表演的场域，有时候老师问完问题他的答案就脱口而出了。用老师的话来说就是：他的浮躁，能把教室点着！

但对于这类学生，他们的抗挫折能力往往是较弱的，他们承受不起失败，如果在正式考试的某个科目上遇到了短板项目，带来的打击将是巨大的。对于这样的学生，我们可以有意识为其创设挫折情境，例如在和家长沟通一致的情况下，我在班级协调组中和任课老师约定提升对小F同学的要求，在批阅考前的测试卷子时对他的要求再严格一些，从书写、规范、步骤等方面找出扣分点，让其在经历挫折的过程中冷静认识自己的不足，并虚心求教老师。

小G和小F的"过度浮躁"问题最终都得到了妥善的解决，但如果我们拿小G的诊疗方法用在小F的身上，便如同蜻蜓点水般，不会让小F有任何的改变，同样，拿小F的诊疗方法用在小G的身上，很有可能会让小G同学彻底破防，导致情绪长时间低迷影响考试，所以，考前的心理分类疏导也是非常重要的！

还有这样一类伪心理问题学生，大家要学会将其和真正有心理问题的学生区分开来。

例如"四大金刚"代表的学困生团体每当考前，都会不约而同地出现类似于"高原病"的症状，但仔细分析不难发现他们相比"高原病"更容易"放弃治疗"，一翻开资料，天书般的文字就让他们瞬间犯起了迷糊，不一会儿就进入了梦乡，于是我将其确诊为"学习动力不足病"，这类学生的问题并不只出现在考试前，只是考前在其他学生都在认真学习的情况下衬托得更加明显。

像这类伪心理问题学生的处理要重在平时，多和其交流谈心，从不同角度提升其学习动力，考前则主要从常规对他们提要求，加强监督提醒，不要让其懒散的习性影响班级整体的复习氛围。

中考与高考是现阶段我国中学生所面临的重大人生考验，而良好的心理状态是发挥出自身实力的重要保障，也是应对各种突发状况的坚实依靠，所以在初中阶段对于学生考前心理状态的调整训练和对家长的考前指导是非常有必要的，我们要通过各种方法让学生以积极的心态悦纳每一场考试带来的挑战，最终平稳顺利地通过中高考，实现自己第一阶段的人生价值。

第十节　打好考试这场仗之考后"反思仗"

老师们经常开玩笑，说每次大型考试结束后他们都会享受一把"明星"的待遇，抱着卷子一出门便被一拥而上的学生包围住，"老师，成绩出来了吗？""老师，我考得怎么样？""老师，这次满分的多不多？"足以看出，学生们对"考试结果"的在意程度。

等到成绩下发的那一刻，学生们都活跃了起来，课间谈论的风向标马上就转变为了对考试结果的分享交流。

为了有针对性地进行考后班会总结，我也参与到了学生们的讨论中。我先是找到了被人群包围的T同学，恭喜他成为这次考试进步最大的同学，问起他进步的原因，T同学不好意思地挠挠头，"可能是因为我爸出差回来了？有时间看着我学习了？又或者这次考试考的内容恰巧是我比较擅长的部分？"一连三个反问句，一时间倒分不清是谁在作答了；第二位找的是我们班多次蝉联男生第一的Z同学，问起他保持优异成绩的秘诀，他想了一会儿，说："虽然这样说不太好，但我觉得我真得没做什么就考得还行。"旁边马上响起一片嘘声，他瞪了一眼起哄的朋友们，低下头小声嘟囔着，"可我真得没觉得有啥啊……"；第三位是一个这次考试退步比较大的小姑娘，我把她叫去了办公室和她谈，谈话中她哭着说到她对这次考试寄予了特别高的期待，"关键词我也按老师说的做了圈画，审题也比平时多做了一遍，为什么分数反而下降了……"很显然，她到现在也不知道自己失利的原因。

一连问了三位学生后，我发现了一个非常可怕的问题——学生们不明白自己为什么考差，同时也不明白自己为什么考好，在大多数同学眼里，考试考得好或不好，大概率就是运气的差异。所以当你让他们对自己的考试做出反思，以期在下次考试中保持优势或者逆转败局，大部分初中学生是无法合理归因，找到真正的问题并做出改变的，这也就解释了为什么退步巨大的很常见，但进步巨大的学生却不常有。

所以，要想打好考试这场仗，考后的"反思仗"也是非常重要的。

一、为什么要进行考后反思

班会课上抛出这个观点的时候，马上就有学生反驳我，可是张老师，考试这场仗都结束了，为什么还要打"反思仗"呢？

其实，不同的考试类型有着不同的意义，中高考、研究生、博士生这类的升学考试是为了实现不同层次学生的分流，筛选出具备学习力、研究力，可以进行高等教育的那批人继续学习深造，最终达成为国家输送人才的目的；而我们日常的检测、期中、期末考试则是为了排查自己学的问题，好及时施加干预，及时弥补，为升学考试做准备。

所以，"反思仗"不仅要打，还要打好，是为了给后面更重要的战役以指导。例如，"中国古代第一战神"成吉思汗非常善于打仗，在兀剌海城之战中他使用了攻心战，在城内传播恐惧，以达"不战而屈人之兵"的目的，而后在讹答剌城之战中他再一次使用了改良后的攻心战，离间敌人，利用矛盾将其各个击破，对赢敌战术的改良也反映了成吉思汗对胜仗会进行复盘，并将其继续沿用到适配的战争场景下取得新的胜利；又例如汉高祖七年至汉武帝元光元年这一阶段因为征战匈奴屡次败北所以只能采取妥协的和亲政策，后卫青、李广等将领悉心研究败北原因，分析汉军抵御匈奴的劣势并加以改良训练，终于在"漠北之战""河南之战""河西之战"等战争中大破匈奴，成功将其驱逐，掌握了对匈的主动权。

通过以上几个案例的讲述，学生明白了进行考后反思的重要性，但当下初中生还不具备独立完成反思复盘的能力，错误的归因只会让他们在错误的道路上越走越远，那我们应该如何教给学生正确归因，进行有效的反思呢？

二、考后反思策略

如果布置一份反思作业，大部分学生的状态都会是绞尽脑汁，冥思苦想，回忆自己在这一阶段的学习中一点一滴都存在什么问题，然后把它们尽数写下来。

而真正会反思复盘的学生则会拿起手中的卷子，对照失分点逐一进行分析。

（一）借助试卷错题进行反思

于是，我邀请这些手拿卷子的学生谈一谈他们的分析思路，最后一起总结出了一套借助错题进行的考后反思流程：

1. 先对丢分原因进行分类：通常情况下，学生考试丢分的原因大体有三种，即知识失分、能力失分和习惯失分。

"知识失分"就是在考试之前没有把知识学清楚，丢分发生在考试之前，与考试发挥没有关系，例如知识完全不会、记忆不准确、理解不透彻等。

"能力失分"就是答题能力较弱导致的失分，例如审题不清、思路混乱、知识不会运用、计算错误、选择策略失误、过度紧张等。

"习惯失分"，指的是虽然知识具备、能力运用也很不错，但答题习惯较差导致的失分，例如答题不规范、不注重细节、抄写错误、涂错答题卡、错误估计时间导致答不完卷子。

2. 对整张试卷上的所有错题进行分类，例如在每道错题旁边标注记号Z、N、X，分别对应三类问题，研究这三者所造成的丢分比例，用数字说话，就不难找到整改方向了。

（二）剖析审视，深度反思

试卷中的错题能够暴露一定的外显性问题，方便我们及时发现纠错，而日常的学习态度、学习方法也会对考试成绩产生一定影响，但却不容易发觉，这就需要我们进行深刻剖析了。

一般来说，成绩好的科目，都是平时学习态度认真，并且倾注大量时间和精力的科目。相反，成绩不理想的科目，一般来说，心里有一种抗拒感，甚至讨厌，在复习备考中一直用消极心态应对，导致成绩遭遇更大的下滑，所以，当对弱势学科的试卷进行分析时，一定要先对自己在该科目的学习态度上是否端正有一个公平公正的审视。

如果没有把这方面的原因找出来，从思想上加以重视，用更多的精力去迎头赶上，只是一味地弥补知识、能力、习惯上的漏洞，对成绩的提升帮助仍是收效甚微的。

如果态度端正，但付出与收获不成正比，那么可以继续追问自己如下问题：

是否保证了听课时百分百的投入与笔记记录？

学习过程中都是被动接受知识吗？是否能发现问题？发现问题后是否

积极主动设法解决?

做题时如果第一遍没有搞懂,能否继续求教直至攻破难关?

是否做到对知识进行理解消化,而非死记硬背知识?

是否知晓自身优势与弱点,而非一味效仿别人?

是否能够依据自身状态设置、调整学习计划?

是否因过分焦虑而急于求成,导致知识点掌握不扎实?

学生们对着大屏幕上呈现的问题连连点头,这些学习方法上的误区其实学生们很容易犯,但我们却容易把它们和学习态度混淆,打击到孩子们的自信心,所以,最好的反思方法就是呈现这些学习方法上的具体问题,让学生们独立思考,对号入座。

(三)把问题的解决对应到学习过程中的每一环节

在找到失分点后,我们也就同时拥有了增分点,但在之前的反思中学生们经常会犯一个误区,例如"审题不清"的问题对应的解决方案会写到"认真审题,在试卷标题上做好关键词的圈画,在错误选项中叉掉错误处。"等,写出的解决方案只指向了下一次考试,并没有分析这次考试到下次考试之间的学习过程中应该如何做。

这是陷入了考试-考试的思维误区,而真实过程则是学习-考试-学习-考试的循环递进。反思的目的是在于寻求解决问题的更好方法,并应用到下一阶段的学习中去,只有将学习过程做出调整,才能更好地作用于下次考试成绩的提升上。

所以,我们要做的就是把失分点背后的问题解决对应到学习过程中的每一环节上去,例如刚才提到的"审题不清"问题,对应的解决方案就可以改为:

1. 在课堂上老师抛出问题时,边审题边对屏幕中问题的关键词进行手指圈画,提醒自己不要遗漏关键信息;

2. 日常老师布置作业时,按照考试标准和要求做好审题;

3. 老师讲解作业、小测如果存在审题不清导致的失误,用特殊颜色的笔进行标记,并进行反思总结。

待所有的问题都找到相对应的解决方案后,再整理出学习中的每一环节应该如何做,这里只需要写出改进后的做法即可,原本就能做到的不用写。

以一位有着"错误估计时间""考试过程中总是注意力不集中""总是存在知识漏洞"三个问题的学生制订的一份学习计划为例:

早读:提高进入状态的速度,大致规划一下各项早读任务的完成时间;大声朗读,每完成老师布置的一项早读任务允许抬头一次,这一次要关注一下自己的任务完成用时,再开始做下一项任务;早读结束的时候任务必须都要完成,完成不了的课间继续做,做完再休息。

课堂:要紧跟老师节奏,做到有问必答;老师布置讨论任务的时候不要聊无关话题。

课间:下课借组长的笔记看看自己有没有什么遗漏的地方,及时找组长补习,如果组长解决不了的找老师解决,哪节课的问题哪节课的课间解决,一定不要拖。

作业:把学习桌上和卧室里所有可能会干扰学习的东西都收拾好藏起来;先复习再做作业,一旦开始做作业就不要总想着翻这个看那个;买一台计时器放在案头,按照老师要求制订计划并进行打卡。

自习:制订计划,合理分配各科时间,专注于做的事情,除了看时间,争取做到零抬头。

周末假期:要针对周内不熟练的知识点及时进行查缺补漏,把一周的错题再做一遍,解决不了的拍照给老师求解答,并根据老师的回答及时整理,减少可能的知识性失分。

心态问题:不能说一套做一套,要做就做到位,而且要坚持做下去,以一周为界,如果做到了上述的全部内容,就奖励自己一个冰淇淋。

我们常说,机会总是留给有准备的人。那么谁才是那个有准备的人,能打赢考试这场仗?我想,一定是那个善于总结、提炼、反思的人,因为无数次成功失败后的"反思仗",足以让他在面对各种问题时见招拆招,无懈可击,最终取得考试这场仗的胜利!

第三章 自我提升引问题

第一节 不当45°青年
——拒绝假努力，学会真自律

在我的教学生涯中，曾经无数次听到老师们抱怨学生"嘴上都说会，做题就不对。"；听到家长说孩子在家中每晚都学到几点几点但就是看不到成绩进步；听到学生们在下发成绩后吆喝"努力无用，谁谁谁做到原题了！运气才是硬道理。"

究其背后的原因，其实是学生的虚假努力在作怪。上课听讲时，因为优秀的同学会抢先把问题的答案喊出来，所以有部分同学便跟风作答，实则并没有深究其原因；家中写作业时，部分学生为了完成计划的达成边做作业便翻阅参考资料和课本，把答案抄上去，就认为自己已经掌握了知识点；还有的学生学习缺少了一种刨根问底的精神，总是浅尝辄止，无法真正理解和掌握知识，更无法在考试中取得好成绩。

这些看似努力，实则效果甚微的行为，我们称之为假努力。这些行为不仅阻碍了学生的进步，还可能让他们陷入自我欺骗的误区。因此，我们需要深入剖析这些假努力行为，引导学生走出误区，真正掌握有效的学习策略，从而获得自我能力的提升。

于是，在其中考完试后的学法交流班会上，我和学生们探讨了这个关于"假努力和真自律"的话题。

一、破解"假努力"

先请同学们完成一个小测验，看看你中了几个？其中每题1分，"是"得1分，"否"得0分。

1. 听老师讲课时不抬头，疯狂做笔记，看着记录得五颜六色满满当当的笔记自我感动，实则做完笔记就丢在了一边，不再去复习；

2. 听了学法交流后，花大量的时间搜索了很多学习资料，实际后来并没有利用起来，都堆在角落吃灰；

3. 买了很多教辅资料，准备大干一场，实则新鲜感过后就扔一边；

4. 一遇到不会的题，不经过自己深入的思考，直接用搜题软件去搜索答案，抄上去；

5. 错题本整理得很及时，解题步骤写得详细，失分点总结得很到位，但是从不复习回顾，错过的题还会再错；

6. 好不容易下定决心看书学习，结果手机一响就结束了。

学生们掰着手指头计算着自己的得分，2分，7分……

我在屏幕上展示了得分对应的结果：

如果你的得分是4~6分，那么你的学习效率是极低的，你已经陷入了"假努力"的学习状态；如果你的得分是2~3分，那么你可能在间歇式的努力；如果你的得分是0~1分，那么恭喜你，你有做到真努力，且你的成绩一定会有所提升！

测试过后，我带领着班级学生们归纳了"假努力"的定义——"假努力"指的是那些表面上看起来非常努力，但实际上因为弄虚作假或者浅尝辄止并没有达到预期效果的行为，这种努力通常是形式上的，缺乏真正的投入和深度。

可以称这些人为"45°青年"——卷又卷不动，躺又躺不平，只能卡在中间呈45度尴尬的姿势，靠着所谓的"假努力"支撑着。

为什么我们身边会存在着"45°青年"呢？

"大概是为了欺骗父母吧，让父母觉得我都努力了，所以学不好也不是我的问题。"

"也可能是希望得到老师的表扬，满足自己的虚荣心，因为作业写得工整美观会在班级层面表扬。"

"而且有些同学骗着骗着连自己都相信了，有时候数学老师问我们会了没，连刚才听讲时睡觉的同学都在喊会了。"

学生们你一言我一语地分析着假努力的行为成因，最后得出结论，其实"假努力"也不是不努力，可以理解为想要成功却不想多付出。

那么，如何应对"假努力"的现象，将其转化为"真自律"，从而获得成功呢？

二、实现真自律

（一）拒绝自我感动，寻找内在驱动

学习驱动力包括内在和外在两种，其中，外在驱动力是指来自外部的刺激，如获得奖赏和他人的认可等，而内在驱动力则是因为学习者本身喜爱学习，享受学习带来的。

所以，首先需要明确你学习是为了什么，努力又是为了什么，如果只是"让自己看起来很忙，很努力"那完全没有必要。

我在期末考试前的一个周收到了班级学生小烜发来的信息问我现在努力还来不来得及，我很认真地告诉她，只要你是真得投入进去在学习，认真做作业，认真听讲，不懂就问，那每一科提个2~3分不是问题。

但转头就在QQ空间翻到小烜发的动态——"决战到天亮！"配文是一杯咖啡和一堆资料，下面的评论每一条她都进行了认真回复，时间间隔都在1分钟左右。

然后第二天班长记录没有完成作业的名单、上课不认真听讲的名单里依然有她的名字，多个老师跟我反馈说小烜上课昏昏欲睡，小烜的妈妈在电话里告诉我昨天晚上下班回家看见小烜在学习她便夸孩子努力，于是孩子直接"学"到了12点……后来经过证实，小烜说在跟我聊天后她是真得听进去了，也有在好好做作业，但在妈妈夸奖完自己后，她心血来潮发了条空间，发完空间后心思就一直放在了回复别人消息这件事情上，到最后学一会儿玩一会儿手机，不知觉就到了半夜。

这个案例中我做的事情和小烜妈妈做的事情分别对应了刺激小烜产生的内在驱动力和外在驱动力，这也就证明了很多时候被别人夸奖、点赞并不是一件好事儿，你要学会屏蔽掉外界的干扰，多去想想自己真正想要的是什么，想去的大学、想见的人、想到达的高度都在不远的未来向你招手……有了内在驱动力，你才能心无旁骛地一步步积累"真实努力"，最终获得想要的结果。

（二）少想多做，戒掉拖延

每个人的时间精力都是有限的，你想的越多，做的就会越少。

"请同学们拿出一张听写纸，我们把刚刚讲完的内容复习十分钟，然后测试一下。"

这句话可能大家都对学生说过，但这个时候如果大家关注一下学生的状态一定会是不一样的，优秀的同学会非常快速地掏出纸张做好准备开始背书，其他同学当中的绝大多数人会出声抱怨或者"甩脸子"无声抗议，在老师的催促声中墨迹半天才掏出一张听写纸，又磨磨唧唧地翻开书，托着腮皱着眉，前面翻翻后面翻翻，就是静不下心来背诵。

结果和大家预想的相差不多，那些"前戏"特别长的同学往往听写成绩并不理想，还会抱怨是时间没给够，那些干净利索投入任务的同学在相同时间内却能得到高分。

所以，学习时一定要拒绝拖延，因为拖延会降低自我效能感，严重影响学习效率。在学习时除了可以制订计划给自己设定deadline刺激自己快速行动起来外，还可以把难以完成的大任务分解成可执行的小任务，也可以寻找学习伙伴，相互监督，共同进步。

（三）重视复盘，反思提升

"假努力"和"真自律"之间并没有一条明显的分界线可以帮助我们界定，所以就需要学生们通过一定方式觉察自己的改变，好的改变经过提炼总结继续保持，不好的改变则及时发现及时修正。

可以通过每日撰写《星火日记》来复盘反思，找出自己在某一个点上当天相比较前一天取得的进步。

例如班长Z刚到星火班的时候勉强够得上优生的边界线，但贵在勤学好问，善于觉察，每每调整座位后，他总能第一时间锁定周边优生的方位，并对比自己和他们在某个学科学习时的行为区别，看不出来的他就问，问不出来的他就想办法在学法指导的时候借我的口问，然后在《星火日记》里记录下来，并对照去做，每个月都有收获，最终也是成功坐上了男生第一的宝座。

也可以通过计划制订后对落实情况进行跟踪反馈，例如在每项计划完成后第一时间在后面打钩等行为，都可以及时对后面的学习开展情况进行有效指导。

（四）拒绝攀比，多和自己较量

学生时代，似乎在家长眼里只有两个身份"别人家的孩子"和"被别人家孩子比较的孩子"。

久而久之，学生们之中也开始出现攀比的风气，但大部分的同学前期不努力，只会在放榜的那一刻对别人的成绩上心，不知道很焦虑，知道了更焦虑，怎么同样是在一间教室上课的同学，会出现这么大的差距。

不管优生、中游生、学困生都会出现这个情况，但思考问题的方式却不尽相同，部分同学会正确看待和别人的差距不足，想要通过加倍努力把分差追回来，但在这个过程中可能会无形中给自己带来巨大的压力，还有部分同学则会觉得是自身能力的问题，觉得无论怎么努力都是白费功夫，无法和自己达成和解导致摆烂。

所以，攀比行为并不一定是一件好事儿，我们更要学会和自己较量，战胜一个又一个时期的自己：

首先，每次考试后，要对比自己的多次考试情况，看一看自己这次考试有没有进步，进步了多少？

其次，我们不要把过多的注意力放在做难题上，更要关注自己的错题、错因，对错题进行整理，注重错误原因的分析、总结和正确的解题方法，帮助自己巩固知识点、提高解题技巧和应试能力。

第三，学完后，多对自己提问，例如：完成的事项为什么是不正确的？还有哪些步骤可以进一步优化？进一步优化的做法是什么？如何防止自己再犯同样类型的错误等等……

这种和自己的较量会让人不自觉把注意力都放在努力变好这件事儿上，而不是总盯着别人的优秀不放，给自己制造额外的焦虑。

人民日报曾经发表过这样一段话——"仔细想想，我们不可能一下子变得优秀，不可能一下子就减掉肥肉，也不可能一下子就能培养出一个好习惯。你会发现，任何事情都需要一个过程，这个过程也是你成长进步的一部分。所以，不要着急去期待那个结果，因为你只要认真对待这个过程，你期待的那个结果一定不会差的。"

所以行动起来吧，只要你拒绝"假努力"，开始"真自律"，那么45°的人生倾角也可以呈现向前奔跑的态势！让我们一起努力，奔向更好的自己！

第二节　以卓越致青春
——班级培优全记录

优生是否应该被特殊对待呢？对这个问题的思考源于我们班级发生的三件小事：

第一件小事：C同学撕掉了组长A同学的听写纸，A同学照着C同学的脸上来了一拳，而后两人扭打做一团，我赶到现场的时候，被拉开的两人已经冷静下来上课了，地面上残留的碎纸片和东倒西歪的课桌椅都在向我讲述着这场"战争"的浩大声势。

好在同桌俩都很诚实，课后没用多长时间我就理清了战争的动机及过程——组长A同学的英语成绩特别好，英语老师上课听写单词时总能快速完成，在英语老师下达停止作答的口令时，组长A粗暴地夺走了C同学的听写纸，甩下一句"写了也不对，别装了。"这句话激怒了C同学，于是有了开头的那一幕。

第二件小事：期中考试的当天，轮到M同学所在的小组进行室外值日，四个人一早出门，没过5分钟就回到教室，投入了安静复习，确认的时候M同学给我的理由是"今天室外的落叶少，没耗费太多时间就干完了。"当时也没想太多，就让他们继续看书了。

过了一会儿，隔壁班的学生来找，说我们班的室外卫生区没干完，通知M同学的时候，小家伙儿站起来嘴里嘟囔了一句，不知道是不是脏话，反正能从肢体语言看出来他非常不想出去，我带着他们几个到达卫生区的时候，几个心虚的孩子马上分散到不同区域打扫了起来，他们很明确哪个区域是漏下没干的，后来M同学也老实交待他觉得打扫卫生会影响他复习，于是便赌今天考试不会有人检查室外卫生区……

第三件小事：某次班会进行作业漂流的时候，在所有孩子都在认真看同学们写的建议时，A同学的一个小动作吸引了我——只见他悄悄地从练习册上撕下了一张便签纸，团成团丢在了脚底下。

下课我过去捡起来，展开便签纸，上面写着："你的作业和我想象中优生的样子差得很多，我觉得没有什么值得我学习的地方，希望你能提高对自己的要求，让我们也看看优生应该有的水准。"建议写得很直接，像一味能去肿消炎的苦口良药，A同学有点自负却也有点敏感，我想这张便签纸一定是让他感到难受了。

三件事儿当中的主人公A同学和M同学都是班级里数一数二的"优生"，成绩好，又肩负着"查作业""查卫生""讲解问题"等重任，在班级里有一定的影响力，可以理解为他们就是整个班级的风向标，会直接影响着整个班级的动态走向。

看过电视剧《觉醒年代》的人一定会记得里面一个场景：蔡元培发表北京大学《就职演讲》，他说："要有卓越之人，以身作则，尽力去矫正这种颓废的社会风气。诸君皆为大学学生，地位甚高，肩此重任，责无旁贷！"一番话毕，全场掌声雷动。

这个场景总会千千万万次打动当下的我，优生，便是未来可能成为这个社会栋梁之材的人，所以，对他们的引导一定是品行端正，力求卓越。而这些，如果单靠全体学生的日常教育无法实现，还会平添其他学生的焦虑，不利于学困生建立自信等，所以，在初中阶段优生必须要被"特殊"对待。

一、拟定培优人选

在确定要进行优生的培养工作后，对人选的拟定就显得尤为重要了，是"广撒网"式培养，还是"掐尖儿"式专攻，我的选择是后者，每个学生的最近发展区都不相同，根据每一位优生的特点，要和每一位任课老师沟通课堂的容量、思维度，要让他们有思辨的空间、有思维的碰撞、有有效的反馈、有创新的生成，尽量做到因人施策、因材施教、精准到位，从而达到这些优生发挥自己优势、成长为最好自己，带动周边同学共同进步的目的，简单来说，培养优生需要时间和精力，所以，这个人数一般控制在班级人数的25%是比较合适的。

优生培养是一项长期的工作，学生每一次的成绩都会发生波动，如果单看某次考试成绩的前25%，会给这项工作带来一定的麻烦。所以，第一个月我不会刻意进行培优，而是对学生的行为习惯进行观察，再结合学生第一次大型考试的综合排名，选出12位最有能力有潜力的学生进行培养。

这里展示一下我侧重观察学生的行为习惯都有哪些：

1. 有比较理想的个性品质，如遵规守纪，有远大的理想，自律性好。

2. 喜爱学习这件事，学习态度端正，学习质量相对较高，能始终做到当堂检测、考试处于班级上游。

3. 求知欲强烈，敢于思辨、质疑，善于深入研究问题。

4. 思维活跃，有创新意识，联想和想象能力强，善于触类旁通、举一反三。

5. 时间管理能力强，有做计划的习惯，做事高效。

6. 不急于求成，善于反思、复盘、归纳。

7. 尊重老师，尊重对手。

选拔的过程中，会发现行为习惯完美到达标的孩子可能一个都找不出来，学生通过接触手机、同伴干扰、家庭影响或多或少都会有做的不到位的地方，但这才是需要我们培养的意义啊！

敲定人选的过程中我给12名学生分别建立了一份《成长档案》，里面除了分析每一次的成绩变化，还记录了他们每个人的优势及问题，培养方向等。

以开头提到的A同学为例，他属于我所有优生队伍中比较不合群的一位，可以说是最不像优生的优生，成绩名列前茅的他像是一只刺猬，不善与人交往，也看不起成绩不好的同学。但后来通过家访才发现问题的根源在于他父母过激的引导，这些是通过后天努力可以改变的，而他身上敢于质疑的思辨精神又是我非常欣赏的，所以他也是我第一批敲定培优名单中的一员，我在他的《成长档案》中写道：

1. 对待小A的问题，当务之急是和家长取得联系，把问题深刻地摆给家长看，预设继续如此般家庭教育的后果，并持续跟踪，谨防反复。

2. 任课老师在对待小A发出的质疑时，不要着急反驳，看是否有价值，可以引导其他同学共同研讨，带动整个班级思维的进步。当然如果确实是不合时宜的行为，请大家严厉制止。

3. 小A在其家庭问题没有改善之前，先安排跟他成绩差不多的同桌，小组合作以1号、2号在后，3号、4号在前的形式进行。

以上12位学生的情况，我在班教导会中和任课老师们进行了说明，老师们对培优工作都表示了理解与肯定，有了标准的统一，针对性的举措，还有老师们共同的支持，第一支优生队伍便顺利进入了培养期。

二、定期召开优生会

义务教育阶段实行均衡分班，优生被打散分布在教室的不同区域，以小组长的身份对班级成员进行管理、引领、带动，如果不让他们定期进行集中的沟通交流，自主发现不足，从而激发内驱力，单靠老师的说教是很难达成培养目标的。

所以，我们制订了每两个周一次的优生会时间。

每次的优生会都会分为统一培训+自主答疑两个部分，时间大约是30分钟。其中，自主答疑时间，学生们可以自由向优生群体当中的任何人发问，解答他人提出的问题，这是一个引导优生自主反思，对标优秀个体找差距，内化高标准的过程。

这里主要谈谈统一培训的部分：

第一次优生会，我跟12位学生交流了我要做这件事的原委，先是播放对埃隆·马斯克的采访视频，让优生们明确十年后自己做为"未来社会中坚力量"的职责和使命，然后层层反推，为了达成理想目标，那应该上什么样的大学，进怎样的高中，现在又应该为此做哪些工作。

统一思想后，我给优生们展示了他们《成长档案》中期中考试不同学科的分数及强项、弱项分布情况，并让孩子们起来分析：

"班级中的男生理科思维更加敏捷，有一钻到底的耐心，也有发问、质疑的勇气，且相对于数学同样分数的女同学，最后两道大题的正确率也要更高，这说明当下，我们在理科的学习上要多向他们请教。"

"我只认可一半，既然男生在最后两道大题都能做对的情况下，男女生数学成绩依旧分数相同，说明女生更加细心，对错题、典型例题做得更加到位，在前面的题目中才不容易出错，所以，男生需要多关注细节，保证不在简单题目上丢分。"

"对，而且我们确实在背诵这件事儿上做的不如女生，我看过L同学的政史地生笔记本，里面都是她边背诵边默写的笔记、导图，她能考第一不是没有道理的！"

"你说的也不完全对，你看A同学，他回家做完作业就躺平，啥也不背，但政史地生依旧能考90分。"

"你没看到人家上课能问多少有价值的问题吗？如果你上课效率跟他一样高，再加上L同学的背诵，我觉得科科满分一点儿问题都没有！"

我在边远远地听着他们的讨论，不打断、不否定、不参与，只有在思想碰撞的过程中，才能让每个孩子发自内心地正视自己的不足，愿意向别人求教，从而达成修缮自身的目的。

这之后，我让每位同学可以向在座的任何一位优生索要一件物品展示：有逻辑清晰，图文并茂的政史地生思维导图本；有一道题写了三种解法的数学作业本；有能看出来做了擦擦了做好几次的数学错题集；有认真落实日日复盘的星火日记；有用不同颜色笔认真批注的语文名著……伴随着现场此起彼伏的掌声，有的孩子对照翻看起自己的课本、笔记本，一副若有所思的样子，有的孩子积极地举手发问怎样安排晚上的时间能做好以上工作，还有的孩子扭头跟我说"我现在终于知道某某同学为什么这一个学科学得这么好，原来，真的不是靠'天赋'啊！"——这就是我进行优生会的目的，每个优生都有自己擅长的领域，而凡事儿训练至卓越必定需要付出时间成本和大量精力才能总结出一套适合优生的学习方法，我们坐在一起，互相交换，就能在最短时间内掌握各个学科的经验做法。

最后，我们在会上统一了优生在课本、作业本、错题本、星火日记等项目上应该达成的标准，并约定，在下周全体同学的主题班会时间对所有优生的以上物品进行小组内展示介绍。（这里是为了发挥优生的传帮带作用，不要求其他同学也能达到优生标准，而是借此让整个班级的同学都能提高对自我的要求。）

还有一次印象深刻的优生会，发生在开篇的三件小事之后，三件小事间隔不长，但问题都指向优生们的品格塑造，这在我看来是非常恐怖的——"一个会熟练使用刀具的人，如果正确引导，会成为优秀的手术医生，但如果错误引导，也可能会成为顶级的杀人凶手。"

优生会上，我在征得当事人同意后，把三件事情以案例的形式呈现了出来，还是以优生自主讨论的形式问询他们对这三件事情的看法，以及作为优生有应该有什么不一样的做法：

"我认为不管能力强弱，只要努力了，掌握成什么样子都是值得鼓励的，我想，我们肯定的一句话对于他们一定会有帮助！作为优生，我们要学会善良、宽容。""我们要学习，其他同学也要学习，在这个社会上每个人都要学会承担属于自己的责任，轮到我们打扫卫生的时候，我们也需要牺牲睡觉的时间早点来，就不会影响早读啦。""我觉得我们需要正确看待别人的批评和建议，忠言逆耳利于行，某某同学完全可以什么话都不说，只默默提升自己的作业标准，这样既不会得罪同学，还有超过他们的一天，这个社会最不缺的就是'好好先生'，可某某同学还是选择把真话告诉你，这是一件多么感动的事情啊！"孩子们你一言我一语说了很多，边说我边把他们说的特质记录在黑板上：善良、宽容、责任、抗挫折……轮到A同学发言了，他缓缓抬起头，说："我的父母从小就告诉我必须要优秀，成绩考不好就会挨骂挨打，但我不应该把这种方式施用在别人身上，就像张老师您说的'每个人都有自己的花期'，也许他们的优秀会在后面我看不到的时间里，所以，作为优生，也应该做到尊重，这两件事儿我做错了，以后也不会了。"毫无疑问，剩下的同学对此报以热烈的掌声，我在黑板上大大地写下了"尊重"二字，"我也尊重你，因为你不再逃避问题，而是选择积极地把它解决掉，我也要恭喜你，想明白这些事儿，你又向着成为真正的优生迈进了一步！"

会议的最后，我在黑板上画了一架火箭，在火箭的顶端位置写上了"优生"二字，"同学们都知道我国的航天事业发展非常迅速，相信在不久的将来，我们还会去到新的宇宙空间探索。那有没有同学近距离观察过火箭结构？""简单来分，火箭包括助推器、一级火箭、二级火箭、有效载荷还有逃逸塔。张老师写字的地方就是有效载荷，坐飞行员的！"班里的航天爱好者小P跑上讲台手指黑板，讲得头头是道。我又说到："大家可以把火箭能去到的地方想象成我们能力范围内能看到的世界，我和其他初中老师就是那助推器，火箭发射后的第155秒，我们会脱离火箭，助推你们去更高的地方，能到达的区域只有家乡，第160秒，一级火箭分离，像是班级里那些能力较弱不能接受高等教育的学生留在了家乡发展，第585秒，二级火箭分离，像是班级里那些拼搏努力到最后也接受了高等教育，努力去往外面城市生活、工作的学生，就像小P同学说的那样，最后，有效载荷中的大家还会带着我们曾经的梦想去更高更远的地方看一看，闯一闯……我们曾是一个整体，火箭能否发射到指定位置，跟每一处都有关系，所以我们要彼此尊重，互利共赢。同时，不难发现，火箭的头尾是掌控航线最关键的部分，因此，大家作为火箭的头部，除了成绩的取得，更要和作为尾部的老师们一起把准航线，明确自身的责任和应该具备的品质，带动我们全班这架火箭去正确的方向。"

班级的后黑板上一直留着第一次优生会时我写的一句话："以热爱赴山海，以卓越致青春。"后来不知道班长找谁在这行字的下面画了一架火箭，写上了星火号三个大字，我想，这颗小小的叫做"为集体而奋斗"的种子大约是在这帮孩子们心里种下了。

三、培优成果初尝

这之后的一段时间里，我们班级优生的笔盒上、饭卡卡套、桌套上突然出现了一些大学的校徽、校训，孩子们茶余饭后的谈资也从某某明星变成了你未来想上哪所大学、念什么专业……课间走进教室，还是会有喧闹的声音，但这些声音中问老师问题、交流数学难题、互相提问背诵的声音比重明显增多了。

疫情期间，有一次旁听数学网课，数学老师家的网络突然掉线，数学学霸兼课代表的Y同学马上打开摄像头和麦克风，"接着我们一起来讲下一道数学题，如果我讲的有不对的地方，请大家一定提出来。"……"这道题我不会，有没有同学做出来了？""这道题我来吧！"然后，在数学老师维修网络的15分钟里，这帮优生们硬是把作业中同学们问的所有数学题都讲完了，有的大题还提供了多种解题思路，数学老师上线后，Y同学还在抽问其他同学一道题的解题思路，防止有人课堂溜号儿。

优生会成立后的一次大型考试后，L同学的家长悄悄发给我的几张群聊截图——班级前三名的L同学、K同学、Y同学背着我建了一个微信群，在群里探讨自己想去的大学，并约定相互监督，相互帮扶，争取实现目标，刷着他们每晚在群内争辩研讨数学题、撰写计划与反思、额外对薄弱项目进行训练的身影，我想，优生之间的良性竞争一旦产生，便离成功不远了！

从刚刚组建星火班的时候，我就有一种隐隐的担心——担心这个班级的第一会永远被某一位同学霸占，这并不利于班级里的优生发展，最佳的状态是优生永远具备挑战第一宝座的勇气，永远会为此付诸正向的行动。也不知道是不是培优工作起了作用，后面连续几次的大型考试，我们班的第一名永远在易主，但级部的优生考核却回回都是第一，后来初三分班后，他们散落在不同的班级，继续发光放热，其他老师说起我们班的这些优生也总是用"神仙打架"来形容。

2024年的中考中，我们班的12名培优对象都考上了当地最好的高中，6人考进了全区前100名的强基计划班级，6人进入了重点班，继续书写他们的梦想篇章，而我新的培优之路，也随之展开……

第三节　让"自省"真实发生
——星火日记撰写

我们经常会在日常的班级管理培训中听到一个词，叫做教育的"闭环"，什么才算"闭环"？为什么只有达成"闭环"才是好的教育活动？

举个例子，2021年时我曾经开过一节有关节约的主题班会公开课，课上学生畅所欲言，用数据计算、争辩讨论、经典诵读等一系列的环节达成"认识我们现代社会仍需做到节俭"和"树立勤俭节约意识，实现由浪费到节俭的转化。"两个德育目标，公开课上得很成功，领导们也很满意，但会后一位专家的评课却让我产生了新的思考——"在课堂的45分钟内我百分之百相信张老师的学生绝对不会进行浪费，但在这45分钟以外的时间里，我却是不能完全相信的。"

这"45分钟以外的时间"其实就是指课堂上我们进行的精彩教育活动如何在课堂以外的地方落地，让教育真实发生，达成教育的闭环。

所以，我开始思考，如何在原先班会、活动的基础之上，把教育链条延长，让学生长久地运用课堂上学到的习惯、方法并持续性地进行自我反思，真正地将其内化成自己的东西。

著名教育家魏书生说："写日记是一种道德长跑。"他认为日记能使人的心灵求真、向善、爱美，并要求每位学生一入学，便要开始写日记。写日记的过程便是记录—发现—审视—反思—改正—再记录—再发现……的过程，一个闭环接着一个闭环，为螺旋式上升的教育链条。

于是，星火日记出现了。

最开始的时候，星火日记的定位就是反思型日记，不掺杂感情色彩，就是针对某种训练的跟进记录指导，希望能够达成"自省"的真实发生，我们在班会课上对这种日记的写法做了专门的培训：

1. 写下你当天想要达成的进步目标（我要求学生们选择自己想要提升的一个地方，然后每一天要比前一天多进步一点，如果有统一的习惯训练例如对课堂进行的注意力、记忆力训练则需要每天记录习惯训练目标）；

2. 记录今天你为这个目标都做出了哪些努力（具体写出做的事情）；

3. 记录是否达成这一进步点（如果达成了可以总结一下经验，如果没有达成要写一写是什么原因导致的，又如何在第二天整改）。

每天的星火日记是当天完成撰写，第二天上学时放在班级外面的窗台上，我在早上到位和早读老师交接前会把学生们的日记排着翻阅一遍，给有些向我发问或者明显在反思环节上找不出方法的同学写写批语，谈谈我的看法，并鼓励他们继续尝试，寻找适合自己的提升办法……

一般以一个月为周期，我会让学生完成一种习惯的训练，并通过星火日记进行内化落实，然后在这个月最后一个周的班会课上，我们会进行阶段性总结，把那些成功通关的学生们的日记片段展示给全班同学看。

例如我们班的L同学，她在某个月挑战的项目是训练自己的英语口语表达能力，训练内容是在这个月里每天能够拿出30分钟的时间练习并给爸爸妈妈进行一段即兴英语演讲，目标是：前10天照着稿子读，口语一天比一天更流畅，发音更标准；中间的10天除去原先的口语训练标准外还要达到半脱稿，争取减少看稿子的时长；最后10天全脱稿，最终达到清晰流畅完整地完成一段10分钟的英语演讲，去参加学校组织的英语演讲比赛。

于是在星火日记中她这样记录了她的训练过程：

"11月6日，今天要把'Keep Your Direction'全文读熟讲给爸爸听，昨天完成任务太晚导致今天一天的学习状态都不好，所以今天说什么也要在21点前完成这件事儿，为了这个目标的实现，我今天上午去找英语老师看了演讲稿，问了老师的建议，下午抽着课间提前写了一个科目的作业，今晚回家后20点前就完成了所有书面作业，还休息了二十分钟，果然定好计划后完成任务就是快！今晚的目标达成状态可以给自己打80分，另外的20分爸爸说扣在'Direction means objectives, You can get nowhere without an objective in life.'这句话的断句上，我担心时间不够所以念得有点快了，反而导致发音不清楚，明天要避免这种情况的出现。"

"11月17日，第二赛段快结束了，我为接下来要进行的全脱稿赛段感到隐隐的担心，因为现在虽然能够勉强实现半脱稿，但放下稿子的一瞬间心脏就会突然被揪住，出现大脑放空导致卡壳情况，所以今天一定要再多磕几遍稿子，说什么都不能再出现这种情况了！为了这个目标的实现，我今天……"

"11月25日，昨天的全脱稿进行得非常顺利！这是我这么长时间以来感觉最顺利的一次演讲了！但今天开始演讲稿的字数有所增加难度也有提升，还是不能掉以轻心，所以今天上午需要把拆解后的前2个自然段尽可能读熟练背过，晚上回家的车上还得再多磨几遍'To see a world in a grain of sand, and a heaven in a wild flower, hold infinity in the palm of your hand, and eternity in an hour.'这句话的发音……"

12月5日，L同学通过了班级的选拔，代表星火班参加学校里举办演讲比赛，顺利取得了一等奖的荣誉，并被推选到市里参加复赛，也取得了理想中的名次。她也借着这次机会提升了自己的口语能力，不在羞怯于上台进行全英文发言，她的改变也验证了星火日记的反思提升功能是可行的。

后来，星火日记的形式不再局限于某个习惯、目标的训练反思，我开始和孩子们研讨实践，如何使用星火日记进行修身，即剖析自己-找出病灶-诊断治疗，我的任务就是对他们解决不了的问题答疑解惑，给建议给指导。

更新完的星火日记可以写的素材更多了，学生们也更加愿意进行分享提问，虽然伴随而来的是我直线上升的工作量，但我依然很感谢这次的尝试，让我看到了学生们通过反思得以修缮自身的能力：

有位学生写到了他期中考试最优势的学科数学没考好，而他的朋友却拿着满分的试卷来跟他炫耀，他当下闪过一个邪恶的念头——把卷子撕碎，但理智制止了他。于是他在日记中感谢了那个理智的自己，并分析了自己之所以会突然失去了理智的原因是太在意结果，忽略了过程中朋友的付出也确实比自己更多，且知识点掌握得更扎实，检讨自己在数学学习上还有很长的路要走……

我给他撰写的评语是："流水不争先，争的是滔滔不绝。你的目标很远大，所以前路注定道阻且长，希望你能够稳住身心，通过不断地积累和努力，最终实现你的理想！"

还有位学生在日记里反思了自己对家人的态度问题，最近家里新添了老二，全家都在围着妹妹转，一回到家自己想逗逗妹妹，父亲就不耐烦地把自己赶回房间写作业，妈妈对自己也没那么有耐心了，所以自己最近也开始给父母甩脸子，不愿意和他们说话。她在日记里跟那个和父母"冷战"的自己进行了对话，告诉她爸爸妈妈只是因为这个新成员的到来有些不适应，自己降临到这个世界的时候他们可能也是像现在这样手忙脚乱的样子，自己要包容谅解父母，所以最近这段时间更要照顾好自己，不给他们添乱。

我给她撰写的评语是："我保证，他们很爱很爱你，一点也没有减少！只是爸爸妈妈也是又一次做爸爸妈妈，他们也要学习，也要成长，就像他们小时候陪着你慢慢学习走路的样子，我们现在长大了，也要反过来陪伴他们，关心他们，爱护他们，我相信你可以做到！"

另外我也私底下找到她的爸爸聊了孩子的这件事儿，给出我的建议——把孩子当作这个家庭的重要成员，坐下来好好谈一谈二胎的问题，表达自己对孩子的爱，给她充足的安全感，让她充满自信和力量，才能更好地去爱妹妹，爱家人。

我和学生们做了约定，如果他们写到的问题涉及隐私不想被别人看见，可以把星火日记本直接交到我的手里，我会第一时间看完并撰写评语后还给他们，当然大部分的同学还是按照原来的流程把日记本交到窗台上。

当然，不管是写日记还是别的什么，每个班总会有那么几个不怎么配合工作的学生，每次都上交一张空白页，好一点的会写上几个字"我今天没有什么可反思的，都挺好。"面对他们的"乐观"，真是让人哭笑不得。对于这一类学生，星火日记我会给他们拟定题目，限定字数，并告诉他们每天亲自交到我的手里，看完了再亲自找我拿回去。

给他们提供的主要是一些具体可写的题目，例如《如果我和妈妈的身份颠倒》《假如能重来，那件我最后悔的事……》《重生之假如我是学霸》等等，学生觉得有意思，也有话说，便会主动去写，写的过程中不知觉就进行了自我反思，久而久之，也会有学生找到我说想自己拟定题目，从而进入写作星火日记的正轨。

通过星火日记的撰写，学生们以旁观者的角度重新经历了自己做过的事情，以第三视角审视自己和他人的关系处理，更有助于学生理性思考，冷静分析，"自省"也是在这一刻，在真实地发生着……

第四节　成功，是长期主义者的礼物

每个班级里都有几个平时成绩一般，面对考试却盲目乐观的学生，当你用"天道酬勤"来做他们工作时，他们就会给你讲"每场考试都会涌现出黑马，为什么我不可以是那匹黑马呢？"借此逃脱前期的付出与努力，只把希望寄托在考场行大运上。

为了消解他们言行带来的不良影响，我们班专门召开了一次主题班会《如何成为一匹黑马》。

首先，我和学生一起在教室大屏幕上查询了"黑马"一词的百度百科释义——喻指那些潜心努力、不畏强手而一举成名的后起之秀，或在重大活动中一鸣惊人的获胜者。

接着，屏幕上呈现了董宇辉的照片，下面的同学马上议论了起来，"看来大家都认识他，那他在群星涌动的直播行业算不算一匹黑马呢？"

"当然算了！"

所以，这个相貌平平的男生，是因为什么火起来的？

董宇辉曾在中国传媒大学做过一段演讲，他说：

不知道是不是老天爷，突然想给一个年轻人开一个好的玩笑。

6月8号的早上，我又拿着小黑板坐在镜头前。就这样胡说八道的时候，我突然发现，我讲着讲着，人数从300人到了500人。

这很意外，我没想到竟然有人好这口。

我当时正在讲莎士比亚，我看他们喜欢，我就继续，然后从文学讲到哲学，讲苏格拉底，讲柏拉图，讲亚里士多德，讲古希腊三贤。

我发现大家还不反感，人数从500又到了1000了。当时我就继续讲，就讲了很多我所熟悉的文学作品，或者我以前所看过的历史。

越讲越兴奋，越讲越兴奋。那天早上从平常的几百人，到了最后下播的时候，得有快1万人了。我有一种空前的兴奋，那天下播之后，我坐在那里，心情久久无法平复。

等到第二天我再上去的时候，发现人更多了，一上来就是3000人，然后第二天等我下播时候，人数已经到了3万人。

3万人是什么概念？就跟做噩梦一样，想不到。然后就开始被很多人关注到了，然后越来越多的人就涌入那个直播间，大家发现在这可以听一点无用的知识。

这是我的幸运。

你会发现，董宇辉用了"幸运"一词形容自己的成功，这是否证明咱们班前几日有同学提到的"考场行大运"才是最重要的呢？

学生们面面相觑，不知道该作何回答。

于是，我们继续看了董宇辉演讲的剩余部分：

我在想，另外一个平行时空里的我，如果当年在西安工作的时候那么忙，晚上回家很累了，今天这个书不看了，或者当年在大学的时候，极度的自卑，每天躲在宿舍里，蒙着耳机打游戏，也不去看书，可能我就不会有这些表现。

当年在大学闲得没事干，我看了很多书，一开始看正史，后来看小说，实在没得看的时候，我还看过张爱玲的小说，因为大部分男生可能对那些不感兴趣。

大学看很多书，工作看很多书，所以你最后理解我生命的改变，只是命运垂青的一个傻子。

这是我的幸运，事实多次证明，运气永远会垂青那些时刻准备好的人，知识就是你的武器，书籍永远都是你的朋友。

这时候，当我再次抛出刚才的问题——"幸运"到底是不是促使董宇辉成为直播行业黑马最重要的因素？

学生们异口同声地回答，"不是。"

那是什么呢？

是逆境中日复一日专注阅读积累下的深厚底蕴，是坚持到底的决心和耐心。我们管这样的人叫做长期主义者，而成功，是长期主义者一定会收到的一份礼物，与其说董宇辉是一匹黑马，不如说他的成功是必然事件。

第二个环节，我呈现了一个案例：同样的两块五花肉，肥瘦比例几乎完全一致，前面都是同样的烧制方法，最后分别采用文火慢煨和大火炖煮的方式进行，同学们猜一猜，哪一种方法制作的红烧肉会更加美味？

毫无疑问，"文火慢煨"获得了全体同学的投票。

生物课代表对这一答案也给出了科学的解释：

"肉类是动物蛋白，大火的高温会使肉类快速焦化，文火慢炖，不但可以保持动物蛋白不会快速流失，还可以促使筋膜变得松弛，也就是我们说的肉炖得比较烂，这样口感相对会较好。

炖肉时，若用文火慢炖，汤面的浮油不易翻滚，锅内形成气压，既保持了肉汤的温度，又使汤中香气不易挥发跑掉，炖肉熟得快，肉质也松软。如果炖肉用旺火，必然大开大滚，香味物质挥发殆尽，也就没什么滋味了。"

所以，尽管大火加热可以短时间品尝到食物，但大部分的人为了美味，都会选择和时间达成和解。

"可是，现代社会还有一种添加剂叫作'肉宝王'，添加了它的红烧肉不仅可以缩短炖煮时间，还能使红烧肉更加美味，香气也更加浓厚。"我又抛出了新的问题，"这是不是在说，我们做的努力在'投机取巧'面前不值一提？"

学生们又开始了新一轮的讨论。

有一名同学联想到，越是名贵的食材越不需要放调味品添加剂，反倒是廉价的食材才需要加入多种"科技与狠货"来增加风味。

而这些名贵的食材大多也是时间积累为其带来的价值，例如松茸需要5—6年的成长期，生产鱼子酱的鲟鱼也需要生长至12年才会产卵。

所以，我们要认识到坚持的好处，不要着急被别人认可，而是慢慢积累让自己先成为"金子"，自然就会有更多的人发现你，认可你。

"那现在，我们所有人都知道了成功的秘密，你的成功之路是不是就会变得拥挤呢？"

我和学生们相视一笑，"可是又有多少人能做到'坚持'呢？"

所以，尽管去努力登攀吧，放弃的人都挤在山腰，这里太拥挤了，你要坚持到登上山顶那一刻，看看不一样的风景。

当时，距离期末还有二十几天，之前总听同学说这个时间好漫长，感觉一点也复习不进去，只希望能快点考试，班会之后再也没听过这种说法，取而代之的是把握时间，分秒必争地开展复习准备工作，也不再谈论谁会成为"考前不努力，考场行大运"的所谓"黑马"，取而代之的是这份属于长期主义者的礼物，最终会花落谁家。

第五节　学会独处
——人生的必修课

　　一直以来，学校教育都十分重视对学生与他人、社会、外界相处能力的培养，却忽视了对学生"独处"能力的训练，所以当2020年疫情来袭，学生在经历长达几个月的不出门、不聚集、停课不停学的日子时，频频和父母发生斗争，染上不良的上网习惯，严重影响了亲子关系和日后的学习生活。

　　疫情结束后的周末、假期时间成为了新的检验学生"独处"能力的平台，但结果还是不甚理想，所以，我们一定要认识"独处"的重要性，在日常生活中培养学生的"独处"能力。

　　和大家交流一下我在星火班召开的一节关于"独处"的主题班会。

　　相信大家都在短视频平台上刷到过关于"独自生活一个月"的挑战赛，挑战者可以携带除电子设备外的几样物品进入到一间屋子，不接触外人的情况下待够一个月，挑战成功就可以获得高额奖金。

　　给学生们播放视频的时候，他们都羡慕的不得了，与外界隔绝没有压力，也不用学习，能独处还有钱赚，何乐而不为呢？

　　随着视频的播放，他们便不这么认为了，因为几乎所有的挑战者都在第一周快结束的时候选择了放弃，他们当中大多数人出现了轻微的心理问题，而最后一名挑战者则是在第二周放弃了，理由是出现了幻觉，耳边常常响起亲人朋友喊他回家的声音。

　　现在，大家还想要长时间独处吗？

　　学生们纷纷摇头。

　　那我们取消假期和周末，把大家的独处时间缩短？

　　学生们还是纷纷摇头。

一、独处的好处

　　"这两个观点并不违背，"班长Z说道，"我们生活在集体空间里，不能长时间脱离这个环境,但也需要一定的独处时间,这对我们而言,同等重要。"

集体生活的意义我们在之前提过很多次,但很少有提及"独处"重要性的研究,那么今天,我们就来聊一聊,为什么要学会独处。

(一)有助于好好取悦自己

集体生活需要维系的情感的太多了,像是一枚陀螺周转于朋友之间、师长之间、亲人之间,表面上看日子过得热热闹闹,内心却是空虚,害怕孤独的,不敢想如果一个人的时候会是什么样子。

独处会让自己跳出现有的交际圈,好好关注到自己,做真正属于自己的事情。

有同学说,他喜欢去海边长跑,感受内啡肽分泌带给自己的快乐;

有同学说,她喜欢做烘焙,甜品成功出炉的一瞬间,满屋飘香,心也会跟着甜起来;

有同学说,他喜欢爬山,因为爬山累到不想说话的时候,就能清楚地听见自己的心跳,强劲有力,青春无敌!

这些同学说,这些行为跟"和同学们一起玩"同样让他们感到快乐,但这些行为会让他们感觉到有好好取悦自己,更多的是一种内心的充实和满足。

(二)有助于和自己达成和解

有同学抱怨:学期里的学习节奏比较快,有时候明明某个知识点还没学会,老师已经开始讲下一个知识点了。眼看着身边同学都已经跟上了老师的进程,心里难免对自己有些抱怨,有些怀疑。

虽然这种情绪会因为课下主动问老师同学把题目弄明白而逐渐消退,但累积的情绪也足以压垮一个人,时间久了就听不进也学不进。

这也能解释为什么有些原本乐观开朗但成绩不好的同学会突然出现厌学心理。

所以,就需要一定的独处时间帮自己消解这种情绪,同学们纷纷为她出谋划策:她可以去疯狂奔跑释放压力;可以去海边放声喊出自己内心的委屈与不满;更可以写写日记,把不快倾吐干净⋯⋯

但同学们并不建议她再去找朋友消遣,因为这只是用集体的力量来粉饰自己心里委屈的事实,一个人的时刻总会到来,只有勇敢地和自己对话,才能达成和自己真正的和解。

(三) 有助于好好经营自己

有种说法叫"不怕同桌是学霸,就怕学霸放寒假。"一个假期,有很多同学会取得成绩上的突破,也有很多同学会掌握一门出色的技艺,这些都是独处带来的时间和精力造就的。

只有独处,才能更加深刻地建立对自己的兴趣、品德、文化及个人价值的认识,了解自己的前提下,再去进行自我规划和自我管理,帮助经营好自己的人生之路。

二、如何学会独处

说到这里,大部分的同学已经明白了独处的好处,但仍有一些不合时宜的声音响起"独处确实很好,我可以独处一整天打游戏都没人管!"这也引起了同学们的哄笑。

"但是这些不恰当的所谓"独处"时取悦自己的方式会让人更加疲沓,没有精气神,而这样的"独处"只是逃避学习、家庭责任的手段,这样的独处是万万要不得的。"我也笑着反驳了这个声音。

所以,我们要怎么做到正确培养自己的独处能力呢?

(一) 学会管理时间

"首先,我们得先拥有独处时间!"

在校会有自习课,每周会有周末,每学期还会有节假日和长假期。

这就需要学生们拥有时间规划的意识与本领,合理安排自己的学习、生活,为自己赚出足够的自由支配时间。

基于此,要养成敬畏时间、提高做事效率以及什么时间做什么事的良好习惯,所以,要学着去管理时间。

要管理首先要感知,所以制订计划是必要的,但很多老师都会布置制订计划的任务,却并没有教给学生如何制定一份恰当合理的计划,学生一头雾水,为了完成任务只能上网搜索,刻意模仿出一份并不适合自己的计划,最后搁置一边,再无用处。

所以,我让几位先前就有计划制订习惯的同学展示了他们指定的计划,分享他们的制订思路,又让学生们分析他们每项活动时间安排的合理性,由计划制订者来进行解答。

有学生质疑某项作业的完成时间可以再缩短一些，这遭到了计划制订者的反对，"我需要先去复习当日所学，然后再完成作业，这个时间不能再压缩了。"

这样的声音也让学生们有所思考，原来并不是时间越短越好，还要根据自己的学习习惯有针对性地制订计划。

也有很多同学不相信某位同学每晚能19：30左右写完作业，当晚没有设置副科背诵时间第二天却能背诵如此熟练，计划制订者解释，作业回家写得快是因为他在校就能利用碎片时间完成一科作业，回家后写两科作业的时间大约1小时，而当天副科背诵为历史学科，没有留时间一是因为他非常喜欢用自由支配时间去阅读历史类书籍，对于课本里的知识点早就滚瓜烂熟，二是因为自己上课都能保证高效听讲，已经在课堂上消化了80%，老师第二节课都会留出复习背诵时间，他只用很短的时间去过一遍就能熟练背诵。

他的说法也让学生们对时间高效利用有了新的思路和理解。

经过大家的研讨交流，我们敲定了计划制订的基本思路。这里以某个工作日的晚上为例来进行展示：

1. 把固定要完成的如端碗筷、洗碗、扫地等家庭任务时间预留出来，从进家门到吃饭前算一个时间段，吃饭收拾完到洗漱时间前算一个时间段，算出总时长，例如以17：50放学为例，回家路上30分钟，吃饭时间30分钟，做家务10分钟，22：00洗漱，那么当晚的可支配时间大约是3小时；

2. 对照记作业本，把每项书面作业的预估时间写清楚，这里预估时间要比自己日常的完成速度慢5分钟，防止安排过于紧张导致计划完不成。一般情况下三科作业的完成时间是1.5小时，那就预留出1小时45分钟；

3. 剩下的1小时45分钟再划分出30分钟自主复习时间，用于每天自己给自己的提升任务，例如做一篇阅读理解、整理错题本、副科背诵等；撰写《星火日记》大约需要20分钟，剩下大约1小时的自由支配时间用来进行体育锻炼、课外阅读等，这个时间适用于提升自己的，家长不可以干预，但有提出建议并监督的权力；

4. 时间安排完后，要列出时间线，每项任务完成后要在后面用红笔打√，如果没有完成也要写清楚还差多少时间给第二天的计划制订提供参考，继续按计划走，最后用1小时的自由支配时间补上未完成的任务；

5. 在校时间的高效利用是晚上计划成功落实的前提。

当然，只会制订计划是不够的，还需要取得家长的支持每晚配合监督，再加上每天我会随机抽取5名不同层次的学生去我办公室调研计划制订和完成情况，家长会问及学生晚上时间利用情况时有非常多的家长表示看到了孩子好的变化，也非常欣喜地了解到班级里有好几位同学因为晚上赚出将近1小时的"独处"时间而拾起了放弃的兴趣爱好，这实在是意外之喜！

（二）学会独立思考

不管是取悦自己、和自己达成和解，还是经营自己，都是建立在对自身有思考的前提下的。

日常的集体学习生活中你会遇到大量需要思考的时间，但你同样会面对其他同学思考后的想法碰撞，势必会对你的独立思考能力的提升造成一定干扰。

所以我们要利用好有限的自由支配时间，锻炼自己的独立思考能力：

在课堂上，老师布置自学任务时，要多去想想自己最需要的提升的是什么，不要盲目跟风；做简答题时，要多问自己几个为什么，深入挖掘问题的答案，回答尽可能完整严谨。

在课间和晚上的自主阅读时间，我们可以通过阅读，沉浸式和书中人物对话，引发自己对书中情节的思考，让思考成为一种习惯。

每晚的《星火日记》撰写时间，学生静下来用文字记录自己每天的行为表现并在这个记录过程中与自己进行深度沟通，通过写作释放自我、审视自我、激励自我，提升精神品质，让心灵走向强大，这也是一种独立思考能力的体现。

独处是一种能力，是个人提升与发展的重要动力来源。我们日常的育人环节要重视学生独处能力的培养，提高学生在独处时的质量，让学生身心更健康，更加积极主动地去克服困难，迎接挑战，实现人生价值。

第六节 高山低谷
——挫折教育主题班会

星火班在成立之初,一直走得特别顺利,班级学习成绩名列前茅,流动红旗拿到手软,军训比赛、运动会、绘画比赛、合唱比赛等各项活动都是一等奖……但我并不认为这是一件好事儿,相反还总是有隐隐的担忧,这当然不是凡尔赛,因为我已经看到了问题:

军训比赛获得一等奖的时候,学生们难掩内心的喜悦,叽叽喳喳地说个不停,直到学校领导通过主席台的话筒向他们喊话:"原来一等奖的班级就是这样站队的吗?"他们马上收敛了,但明显变得垂头丧气,全然没有刚才的喜悦。

班级里不止一位老师找到我,说班级里总有好几个学生会对自己的考试失利、听写失误等问题产生比较严重的失落情绪,沉浸在这种情绪中,听不进课,回答简单的问题也答不上来。

考试前,有2名同学的家长联系我,说孩子在家天天念叨担心自己考不好,念叨的自己吃不下睡不好,整的家长也跟着焦虑起来了,想让我帮忙劝劝孩子……

这些案例都在反映着一个问题——学生们的抗挫折能力有待提升,而这,势必会影响到学生们的学习和日常生活,以及未来的发展。

基于此,我开始着手从不同角度帮助学生提升抗挫折能力。

一、主题班会中的挫折教育

星火班的位置在一楼,窗前有一棵松树,建校的时候移栽的,如今已经20几个年头,长得非常高大粗壮,但面朝我们的一侧却有一处碗口大的树痂,我让学生趴在窗户上,指给他们看,"你们别看它丑,但它却是整棵树最坚硬的地方。你们能想象到,这么坚硬的地方是怎么长出来的吗?"

生物课代表举手说,"好像是因为树枝断落,或外来重创而形成伤口,伤口刺激树木分泌更多的营养物质，树脂外溢而愈合，才会让树痂处长得更坚硬。"

树如人生，那些树痂就是我们成功对抗每一次挫折的见证，也只有经历挫折，才会让我们有所成长。

（一）假如没有挫折

如果没有挫折，这个世界会发生什么呢？

大屏幕中放出了几本人物传记，我问学生们书中的人物为什么而出名。

"这是林肯，从29岁起，他就开始竞选议员和总统，前后尝试过11次，失败过9次，在他51岁那年，他终于问鼎白宫，并取得了辉煌的政绩。"

"这是贝多芬，就算面临着家庭的贫寒和父亲的暴虐，以及后期耳朵失聪的病痛折磨，依旧坚持自己的音乐梦想，成为了伟大音乐家。"

"这是马云，阿里巴巴的总裁，从一开始差点濒临倒闭破产的小企业到后面成为中国最大的网络公司。"

如果把他们的挫折都没收，林肯第一次竞选就获选美国总统；贝多芬一直过着养尊处优的生活，凭借着天赋在音乐上大放光彩；马云一创业就是顶峰，那他们还会成为我们为其立传的对象吗？

他们依然优秀，但少了挫折，就少了几份厚重的人生底色，也就不足以支撑起为其立传的重量。

所以，挫折，是我们成功路上的重要基石，只要我们能正确看待它，让它为我们所用，挫折便会帮助我们一步步去到更高的平台，获得成功。

（二）假如交换挫折

可是，很多时候，我们会被突然降临的挫折击垮，沉浸在郁闷的情绪里无法自拔，更是有一些严重的挫折会让我们以一蹶不振，再也没有翻身的机会。

所以，我们要学会正确看待挫折，积极寻求解决的方法。

我让学生们把自己正在经历的挫折以匿名的方式写在便签纸上，丢进树洞里，然后每个人排着摸取一张挫折便签。

如果现在，让你把你正在经历的挫折和你手中他人的挫折进行互换，你愿意吗？出乎意料的，所有的同学都在摇头。

然后我又让学生们把手中的挫折便签进行了前后互换，还是没有人愿意交换。

有些同学正在经历的挫折比较轻,自然不愿意跟别人交换,而有的同学的挫折较重,但他们的说法是已经开始学着解决这些挫折,并且有信心和当下的挫折达成和解,别人的挫折终究是别人的的挫折,即便战胜了也不会产生能帮助到自己的收获。

(三)如何对抗挫折

了解了挫折带给我们的好处,选择去直面挫折,我们便需要一些助力:

我从讲桌下面拿出了一个托盘,里面装着一只鸡蛋,一个纸团,一个弹力球。找了三位同学上台,手握三样物体到同一高度,321后同时让手中的物体自由下落,看看会有什么现象发生。

"如果地面代表挫折,鸡蛋摔破了,纸团落在了地上没有发生变化,弹力球接触地面的一瞬间又弹了起来。"

当然,我们这个实验并没有那么简单。

三样物品中,有一样不能再复原的,是谁?

"鸡蛋。"

所以鸡蛋缺失了复原力;

三样物品中的纸团虽然没有破碎,但它也没有再弹起来抵抗挫折的能力,所以它缺失了?

"抵抗力。"

只有弹力球,不仅复原了,而且战胜了挫折向上弹起,我们管这种力叫做反弹力。

这三种力量每个人都有,只是程度不同,它们也是通往成功最必不可少的力量,所以我们要通过不断的训练提升这三种能力。

有哪些训练可以帮助到我们呢?一起来看几个案例:

案例一:新年汇演排练,不参加排练的同学早在下午6点就离校回家了,而参与表演的学生则一直忙到夜里8点才出校门,在甬路上,学生们都在抱怨,我便叫停了路队,让他们抬头看天空一分钟,告诉他们,越是天黑,星星和月亮越亮。

这个案例体现出的心理力量训练方法叫做转换角度,保持积极乐观心态。

案例二：综合实践基地，小Y同学在走高空项目到一半时，因为过于紧张突然手脚发软，无法动弹，在半空中剧烈抖动了起来，这吓坏了后面的孩子，因为高空项目的安全设施靠的是头顶的滑轨，一个人走过去下一个人才能走，也取不下来，他们便喊着："完蛋了！教官从我们后面过不来，这可咋办！"话音刚落，教官大步流星地从另一条路线绕到了这个项目的前面，把小Y同学一把拉了过去。

这个案例体现出的心理力量训练方法叫做直面困难，主动寻求多种方法、多条路线解决问题。

案例三：运动会的赛前训练，参加百米跑的小F和小G因为是彼此的对手，一直在针对对方进行训练，但结果始终不尽如人意，而且越练越慢，两人都受到了深深的打击，但真到了运动会短跑比赛时，两人比着赛跑，居然都破了纪录，跑出了自己的最好成绩。

这个案例体现出的心理力量训练方法叫作向外寻求帮助，这里的帮助既可以来自朋友的陪伴和竞争，也可以来自父母、老师的支持和鼓励。

对抗挫折的方法还有很多，我只是给大家提供几种解决问题的思路，希望同学们都能用自己的方式直面挫折，迎接属于你的挑战。

讲到这里可能会有同学说，老师您说得轻巧，当挫折真的降临时，有多少人不会受到它的影响，又有多少人能够战胜挫折呢？

亲爱的同学们，我想说不要害怕影响，影响一定会有，但关关难过关关过，再难的关卡我们都已经过来了不是吗，军训的第一天我们被魔鬼教官训练到晒伤脱皮，我说我们拿第一！大家嘴上说着不可能，太难了，行动上一点不含糊，最后我们也如愿拿了两个第一；上学期模拟考咱们班的历史学科失利，大家垂头丧气的时候，我说期末见！大家说还有两个周怎么可能翻盘，但在我和历史老师的敦促，大家每晚回家积极打卡背诵的努力下，我们的成绩也成功跻身前三……这一件件在当时我们看起来天大的事现在想起来都觉的也就那么回事儿，回望这个过程，相信大家也一定看到了自己的成长进步。

未来也希望大家带着这节课的收获，一路高歌，一路生花！

二、家校共育的挫折教育

中国式家长都爱讲一句话——"我走过的弯路就不希望你再走了。"

但当我每次家访时听到家长用这句话教育孩子，我在心里就会升起一个大大的问号，你走过的弯路对于孩子就一定是弯路吗？就算是弯路，是不是孩子也有走它尝试它在这个过程中有所成长的权力呢？

但为什么所有家长都爱这么说，后来听到一位家长训孩子"我就说不让你这么做不让你这么做你偏不听，光在这里给我添麻烦！"突然想明白了，除去担心孩子受到伤害的原因外，还有一点就是家长没有在孩子遇到挫折后帮助其打败挫折的时间和精力，就干脆避免可能会遇到挫折的事件发生。

所以，在我的百余次家访经历中，最常和家长沟通的一个话题就是，要学会不去替孩子规避"错误"，勇于让孩子"试错"。

例如，在刚开学的军训期间，有一个让我印象特别深刻的学生陆同学，经常能看到他被汗水打湿的脸上洋溢着灿烂的微笑，就算是因为同组的同学出现问题连带受罚他也能够坦然接受，笑着接受惩罚。

但在军训结束一段时间后，他的笑容突然消失了，每天都愁眉不展，很快我就接到了他妈妈的电话，他妈妈也敏锐地察觉到了孩子的不一样，问我是不是在学校遇到了什么事，是不是谈恋爱了，被欺凌了，被老师针对了……面对一连串的追问，我好像一下子明白了陆同学的变化原因，后来经过和孩子的谈心，也验证了我的猜想——他的妈妈军训期间出差了，回来后怕他在学校出问题，开始每天接送，路上都要追问在学校的各种事情，不想回答就打电话问老师，就跟警察问话一模一样。

于是，我马上和陆同学的妈妈见面沟通，告诉她孩子在学校一点问题都没有，他妈还想追问，我打断了她，"没谈恋爱，没被人欺凌，老师们都很喜欢他……"

对方明显松了口气，我又接着说，"他的情绪变化的真正原因不在学校，您回忆一下，陆同学是从什么时间开始心事重重的？"

"好像就是军训结束。"

"不，是从您回来了开始。"

陆同学的妈妈明显对这个调查结果很不满意，"可是我除了每天提醒一下孩子不要犯错误之外，什么都没做啊。"

"您非常有家庭教育的意识，努力想让孩子避免一切可能会给他带来危险的事情。但是您有没有想过，孩子可能会遇到的问题太多太多，您说得这几样可远远不够，但您的这种担惊受怕的焦虑情绪却深深地传染给了孩子，陆同学这样一个男子汉每天不敢接触女同学，担心被传谣言，不敢和男同学们嬉闹怕传到您的耳朵里变成了欺凌，怕给老师带来麻烦所以干脆封闭自己的内心，做个安安静静不惹事生非的"木头人"，您觉得这就一定是一件正确的事情吗？"

见陆同学的妈妈听进去了，一副若有所思的样子，我便继续和她交流起我的观点，其实老一辈儿说"穷养男富养女。"是有一定道理的，对男生的教育要少一些呵护，多一些风雨，只有在历经挫折后成长起来的男生才会更强大。

我们约定，要尊重陆同学自己的想法，多问问孩子的想法。

最终，陆同学在当晚和母亲的促膝长谈中提出了自己的几点需求：

1. 上下学不让母亲接送，一天内没有父母老师监管，可以跟朋友们谈天说地的放学路上是他相对放松的时刻；

2. 不要偷看他的手机界面，他可以告诉母亲自己要使用手机干什么，也可以把手机关机后交给母亲代为保管，但希望母亲也能尊重自己的隐私；

3. 不要总是唠叨他的朋友这样不好那样不好，传到别人的耳朵里都不愿跟自己玩，他也想自己试着不通过别人嘴里的评价去判断一个人值不值得结交。

母子俩达成共识：母亲可以对不合时宜的事情提出自己的建议但不要干涉孩子的选择，当然为了不让母亲焦虑，发生问题陆同学在无法独立解决的情况下会第一时间向老师和母亲求助。

这之后陆同学果然又变回了之前那个陆同学，乐于助人，团结同学，久违的笑容又重新在他的脸上绽放。陆同学的母亲在之后一次家长会上紧紧地握住我的手，激动地和我诉说着孩子的变化，这期间她经历了失业到再就业，找工作忙的焦头烂额的时候，陆同学却能够积极主动地承担起大后方的工作，每天把家里打扫得干净整洁，接送上小学的妹妹，学习成绩也有明显提升，之前那个躲在妈妈翅膀下需要庇护的小娃娃现在终于长成了可以为父母遮风挡雨的大小伙子，实在令人感动！

我们班级曾经出过一期抗挫折主题的黑板报，记得当时班长R在后黑板上画了连绵的群山，并在山顶写了这样一段让我印象非常深刻的话：

人生如攀登，这山望着那山高，但若是你有更高的追求，你必须俯下身走过低谷，才能向着更高峰发起冲击！若你现在正处于谷底，不必灰心，这恰能说明你比他人行至更远处！请永远对你现在正在奋斗的事情保持热情，我的战友们！

高山低谷，个中道理，妙哉妙哉！

第七节 成长礼
——记录一次舞台剧活动的组织

学生时代的最后一个六一，恰逢中国共产党建党101周年，学校里提前几天就搭建起一扇名为"成长礼"的红色拱门，打算用一场有仪式感的红色舞台剧活动告别孩子们的"童年"，迎接"青少年"这个新身份。

班委会上我和学生们探讨了好几个方案，最终决定以主旋律电视剧《觉醒年代》为创作依据，自编自导一出戏。

之所以选定这部剧，是看重剧中蕴含着的丰富育人价值，能够从某种意义上唤起当今青少年的"觉醒"，引导其更好地践行使命担当，我也非常重视这个活动的组织开展，希望能在这个过程中帮助参演学生树立更加宏大的人生观和价值观。

为了更好地把握剧情，理解人物从而指导表演，我亲自编写了剧本《百年大先生》。

为了更好地助力班级整体价值观的提升，在我的剧本中，全体同学甚至老师都是演员，都有自己的角色，都要表演，也都要参与排练，每位同学，不论角色大小，都有名字，且都需要了解自己的人物生平，揣摩人物内心。

他们中，一半饰演新文化运动时期的学生，恰同学少年，风华正茂，尊师重教，国难当头人人挺身而出，义无反顾；一半饰演老师，怀揣一腔热血，用教育救国救民，热爱自己的学生，民族大义面前责无旁贷。

这其中，重要人物角色的选拔采用学生主动报名+小片段表演的方式进行，评委是我和班委会推选出的另外两位小导演，还别说，这样选出来的孩子也许是因为比较善于模仿，还真和剧中演员塑造的角色有几分神似。

那段时间，每天下午起床后，我们的每日一歌便改成了《百年大先生》——"我多想伸手紧紧拥抱你，告诉你一切都尘埃落定，百年前你梦想的那个新中国，有多美丽。"每每唱起这首在教师节献礼火起来的曲子，班里孩子们的眼神中都溢出几分认真与坚定，这种合唱的形式也更有利于形成强烈的感情冲击，具有强大感染力，下午第一节上课的老师总跟我汇报这节课的效果最好，不知道是不是歌曲发挥的育人功能奏了效。

趁着汇演前的几天，为了让主要演员深度揣摩人物的心理状态，我录制了每个角色的内心独白，类似于演员们会在读剧本时写人物小传，我拍摄了李大钊、陈独秀面对无助的百姓，飘摇的国家毅然决定宣誓入党的画面，镜头对准两位饰演者的时候，他们紧握着拳头，喊出那句掷地有声的"为了中华国富民强，为了民族再造复兴，我愿奋斗终生！"；拍摄了鲁迅意识到文学可以更有效地改变中国的国民思想，而医学只能拯救人的身体，决定弃医从文，于是提笔写下"周树人"三字，以笔为手术刀，救治千万万"患者"于水火；拍摄了蔡元培在北大慷慨激昂的就职演说，"爱国，是我们北京大学的灵魂和传统，我北大的学子不是要自己做官，而是要为国家出力，要做国家的栋梁之材。"……对于这个额外的"差事"，我有自己的解读——这些传奇人物的一生在历史书上可能就是薄薄一页纸，甚至短短一行字，但他们的伟大绝不是寥寥数笔就能写完的，既然扮上了，你便短暂地成为过他们，替他们看了他们所期待国富民强的人间，在撤去扮相后，你也会继续带着他们来过的痕迹成长为他们期待的样子。

汇演时，主要角色以外的同学穿着现代的学生制服装，我也扮演了现代学校老师，当我们望向那些历史课本中的人物，再唱起"我多想伸手紧紧拥抱你，告诉你一切都尘埃落定，百年前你梦想的那个新中国，有多美丽。"心中涌动着的情绪达到了高潮。

汇演后，我带着全班分享了这次活动的感受，那些历史人物的饰演者们提到：通过一次一次的角色代入，让他们对伟人的功勋事迹有了更加深刻的认识，还有孩子说到了结尾的歌曲，希望能替为我们负重前行的先辈们好好珍惜生命，用心读书，传承奋斗目标，这些，又何尝不是一场"觉醒"？

第八节 感受"时间"的力量

"时间"在教育界是一个经常被提起的话题,我们经常和学生说要"珍惜时间",要"在有限的时间里做无限的事儿",效果却并不理想,这是因为学生没有实实在在地"感受"到时间,"看见"时间带来的巨大影响,无法觉察到时间的重要性,就不会产生珍惜时间的意识。

但要让学生"感受"时间,"看见"时间,只靠说教是行不通的,"时间"看不见摸不着,我们需要把它和学生的某件具体的事情捆绑起来,才能让它被感知。就像史铁生在《我与地坛》中写到的:"一个人十三四岁的夏天,在路上捡到一支真枪,年少无知,天不怕地不怕,扣下扳机,没有人死,也没有人受伤,他认为自己开了空枪。后来他三十岁或者更老,走在路上,听到背后有隐隐约约的风声,他停下来,回过身去,子弹正中眉心。"这里的"子弹"就是具体的事情。

为了让学生感受时间,珍惜时间,我在星火班进行了两次以"时间"为主题的活动:

一、时间胶囊

时间胶囊指将现代发明创造的有代表性意义的物品装入容器内,密封后深埋地下,并设置一个在未来能够打开"时间胶囊"的时间,等到几十年、上百年甚至上千年后供那个时代的人们再挖掘出来研究用。其中,最著名的时间胶囊是在1939年的纽约世博会前夕埋下的,里面装着不同的金属、种子、布料,和电动剃须刀、电话、丘比特娃娃、万宝路香烟等日常用品,以及各种书籍、杂志、图片和缩微胶片,还有爱因斯坦写给未来人类的一封信《致后人书》,地点就埋在纽约世博会场馆的弗拉兴草坪下面15米深的花岗岩洞内,并在地面的石碑上注明:直到5000年后才能打开。

通过时间的积累,让这些在当下看起来不起眼的事物变得有价值,给后人带来一定的影响,这便是时间胶囊的作用。

因为每个学生想要感知的具体事件有所差异，为了让每位学生都能有深刻体验，我改进了一下时间胶囊的操作流程：

第一步：我先是在网上购买了52个塑料扭蛋，每个扭蛋里面都装了一只参考学生们长相、性格定制的憨态可掬的迷你公仔，并贴上了姓名标签，制作成了小型的时间胶囊。

第二步：在班会课上下发给学生们，他们特别兴奋，我顺势公布我们要用学年内剩下的时间共同完成"时间胶囊"的活动——和未来的自己对话。

第三步：每位同学准备一张便签纸，在纸上写下对一个月后的自己想问的问题，例如，"你的英语听说有没有取得进步？""这次，你的50米往返跑有没有跑进7.3？""你跟妈妈，现在应该已经和好了吧？"等等，折好后放到时间胶囊中，投掷到"时间仓"（我准备了一个能容纳52个时间胶囊的超大塑料罐子，命名为时间仓。）里。

第四步：在全班同学的见证下我用胶带将"时间仓"封口，并贴上便利贴，写上启封时间。（经过讨论，我们把启封时间定为一个月后的12号，所以每月12号也成了我们的时间胶囊启封的日子。）

"时间仓"的外壁上，我书写了几个大字，"最好的我们，在未来等你们！"借以勉励学生们。它被摆在我们教室左前方的书柜顶端，像自由女神高擎的火炬一般，提醒着学生们它的存在。

时间过得总是特别快，在繁忙的学业压力下，有很多学生渐渐淡忘了这件事儿，直到我拿着美工刀走进教室，学生们面面相觑，原来不知不觉已经一个月过去了。

当扭蛋被分到学生手里，他们便小心翼翼地拆开之前的便利贴，贴到《星火日记》上，针对之前自己问出的问题，写下现在自己能够给予的答案，完成任务的学生热情地给之前的自己介绍着自己这一个月为了这份答案付出的努力，例如那位问到"这次，你的50米往返跑有没有跑进7.3？"的男同学K，便写了他在这一个月里每晚坚持在完成作业后出门进行夜跑练习，营养饮食以控制体重，最终以减重5斤的身体跑出了7.22的成绩，实现了自己短跑项目上的突破。

没有完成任务的学生则在日记里和过去的自己表达了歉意，并认真地进行了原因剖析，有学生写到："我原本觉得一个月的时间非常漫长，小小任务还不轻松拿捏,但这次的经历却让我真切地感受到了时间的快速流失,当我有意识要加快步伐的时候,才发现根本来不及了。"

最后,我也挑选了几位举手的同学进行了他们的问题答案分享,然后邀请他们和我一起进行了新一轮"时间仓"封存仪式……

时间胶囊的活动在我们班是持续最久的一个活动,因为有了它的存在,对学生时间意识的教育也变得轻松有趣起来。

最后一次启封时间胶囊是在初二结束的时候,我把时间胶囊分发给了学生们,并表达了对他们的美好祝愿,希望这份"时间"的力量能继续陪伴他们迎接挑战,勇敢向前。

二、给未来的自己留一封视频信

以前看青春电影电视剧,经常出现的一个镜头就是一大群要好的朋友们凑在一起,在海边、山野、学校等美好的场景下架起摄像机,许下对未来自己和朋友美好祝愿,但遗憾每次看到这种场景的时候都是时隔数年,物是人非,时间把一切都改变了,带给观众的感官触动特别大,也直叫人惋惜时间的流逝。

于是,在星火班第一学期期末考完试后,我把摄像机搬进了教室,学生们探头探脑地看着镜头,不知道我葫芦里卖的什么药。

我说出了我的想法:我们总说未来我要成为厉害的科学家,未来我要在成绩上碾压某某某,未来我要怎么怎么样,可是未来看不见也摸不着,就像大家开学时都对这个学期有所预设,有所期冀,那么此刻对于开学初就是未来,你实现你的目标了吗?

所以,未来的目标不是靠嘴上说说就能实现的,它需要我们实实在在地去珍惜你和未来之间的时间,去做,去努力。为了让大家更好地感知你和未来之间的差距,我们以一年为界限,请同学们用10分钟的时间思考一下1年后的今天,你会是什么样子,如果让今天的你跟那时候的你对话,你想要说什么,10分钟后,我们排着队去门口和未来的自己打个招呼,说说你想说的话,问出你想问的问题,然后1年后如果我们没有分班,还在一起,那我们就一起坐下来看一看这个视频,回答一下之前自己提出的问题。

这个有趣的点子对于初中阶段的学生来说非常具有吸引力,于是学生们马上准备了起来,开始录制的时候我把摄像机架在了走廊里,学生们挨个儿到摄像机前进行录制，而我则在教室里维持秩序，给他们创设一个安静的环境，录制完毕的学生有的兴奋地像一只鸟儿，有的掩面哭着回来了，学生们也是对录制的视频内容充满了好奇……

时间很快来到第二年的这一天，这一年的时间过得特别快，但也确实发生了很多很多的事情，当我们再坐在一起，打开半个多小时的视频，里面的一些场景对学生的触动是极大的：

例如我们班的Z同学和好朋友L、J三人一起录制视频，他们问出的问题是："你好啊未来的Z、L、J，未来的Z是不是已经成为篮球巨星，成功打进省赛了？L是不是成绩有所提升，跻身班级的中游水平？J是不是已经减肥成功，变成一个大帅哥？你们还是最好的朋友吗？"并约好一年后坐在一起再看这个视频……

一年后这个视频播放时候，Z同学早早地转学去了体校深造，虽然已经打入省赛，取得了不错的成绩，但体校每天繁忙的训练任务也让Z跟他们两人长久地断了联系；L同学则一直在努力跟上班级的学习节奏，也确实进入过班级的中游队伍，但中途却因为家庭的变故让他无心学习，退回了之前的位置；J同学在爸爸的监督下成功减重10斤，但距离变成一枚大帅哥的目标还差30斤，最重要的是，因为Z的离开，他们各自有了自己新的伙伴，早已不是最好的朋友，这种物是人非不仅让在场的同学们抹起了眼泪。

当然也有引发全场鼓掌的片段，来自于我们班的励志女神Y同学，她因为生病的原因在刚入校时一度胖到了180斤，再加上1米7的身高，被很多人嘲笑"壮士"，但她始终乐观地去回应。在视频信中，她第一次落泪，对着未来的自己喊话："未来的你要争气，要瘦回来，还要保证身体健康！不用在意别人的话，你只是生病了，你不是丑，在我心里，你就是最美的！"

这一年的时间，她也凭着毅力每晚夜跑减肥，成功通过运动瘦到了130斤，随着体重的降低，她的成绩也开始回升，现在已经稳稳地锁定我们班的优生梯队了，她的片段播放完，同学们掌声雷动，我也起身向过去的她喊话："好样的！恭喜你证明了自己！你现在美极了！"

有了这两次活动的经历，学生们对时间的重要性有了新的认识，每次想到这些，他们就仿佛充满干劲儿。后来，我又在日常管理中强化学生制订计划、进行反思的能力，帮助学生在认识时间的基础上找到切实可行的时间管理办法，感受"时间"的力量，并让这种力量为你所用。

第九节 巧用"标签效应",做好正向评价

短视频软件上有一个测评版块,有天我碰巧刷到一个博主在商超里买了两瓶价格相差悬殊的饮用水,一个包装简陋,一个包装奢华,回家后把两个瓶子里面的水进行了调换,让朋友品尝判断哪一杯的价格更高。朋友品尝过后选择了那个包装奢华的瓶子,理由是喝起来有一股淡淡的甜味儿,喝起来口感会更好一些。

但是当博主把真实答案告诉朋友时,朋友马上回味了起来,"哦这么说起来,确实价格高的那瓶会更好喝一些。"但是要让她说出区别在哪里,她又支支吾吾地说不出来,最后得出结论,"因为它贵,贵的就是好喝。"

"瓶子"就是水的"标签"。

不排除这是一个段子,但日常生活中有非常多的场景下,当我们看到两个几乎一样的东西,在没有深入了解的情况下,我们会下意识根据别人提供给我们这个东西的"标签"来认识它,物品是这样,人亦是如此。

美国心理学家贝科尔认为:"人们一旦被贴上某种标签,就会成为标签所标定的人。"所以,我们在做教育时,一定要慎用"贴标签"的方式去对待学生,不要让"标签效应"毁了孩子。

这里分享几个误区:

一、不要对孩子冷嘲热讽

我们班级里有一位"公主",但他性别男。叫他"公主"不是因为他长相有多漂亮,而是因为他太慢了。

我们班有过一段时间作业需要交在走廊窗台,只有三科作业需要摆放,大部分同学的流程都是卸下书包-掏出作业-翻开作业-按顺序码放在窗台上,即停即走,一分钟足矣,可他硬是在走廊里折腾了五分钟。

最后难逃被早读老师吼回教室的下场,"出场速度这么慢,真当自己是

公主了!"

　　从那之后,他好像是陷入了行动慢的怪圈,几乎所有老师都跟我反馈过他做事儿慢的问题,甚至到最后老师批评他慢,他还会怼回去,"大家都这么说,这是天生的吧,没法改了!"

　　后来有一次上地理课,我差他去给我拿桌上的U盘,他一路小跑着去了,我还在想这不速度挺快的嘛,一会儿回来夸夸他,结果左等不来右等不来,硬是过了五分钟才跑着把U盘给我送了来,看着孩子额头上的汗珠,我把到嘴边的"你怎么这么慢"努力地咽了回去,谢过他后就开始上课了,本来这件事儿也没什么,但到了办公室,我瞬间明白了他慢的原因——在我走后,另三个班的课代表来送作业,厚厚的作业在我的办公桌上堆成了小山包,而U盘就压在了这些作业本的下面,如果想要拿到U盘,就必须逐摞搬下作业,拿到后再逐摞放回去……算上这个时间加上来回路上的距离也得五分钟了。

　　我又留心关注了他每一次交作业的过程:找一个窗台把书包卸下来—仔细地从档案袋里掏出三本用夹子夹好的试卷集,慢慢地翻到作业那页(他说是怕翻掉页了)—仔仔细细地检查一遍有没有空题—码放到相应的位置—归拢一下所有人交上来的作业,方便下一位同学交作业—把档案袋拉链拉上—把书包拉链拉上—进教室。整个过程并没有拖沓磨蹭,只是他太想把每个细节都做好而导致的动作慢。

　　庆幸自己能看到他的这一面,我决定帮他摘掉"公主"的标签,还他一个清白。于是我在班会课上让他演示了交作业的全过程,他做一个动作我在黑板上写一个动作,结束的时候我让他说说每个动作的用意,他的解释让全班同学直呼"太细节了!",我分析道:"只是因为太关注细节导致的时间长,就像我们说的'慢工'才能出细活,这跟那些拖沓磨蹭故意为之的慢不是一回事儿,所以,"公主"这个标签并不适合他,相反,我们还要向他学习这股"关注细节"的劲头!"

　　这段话说得他害羞地低下了头,那节课下课后他主动找到我向我表达了感谢,并提出虽然有关注细节,但做事确实慢于他人给老师和同学都造成了一定的不便,所以他提出了很多解决办法,例如早到位在早读开始之前完成作业的上交,对照清单完成自己东西的整理等。果然,那次聊天之后,他再也没有被任何一个老师、同学反馈过"慢"的问题,而且,因为速度的提升,再加上对细节的关注,他的成绩也开始了稳步攀升,原来,摘掉标签的他也可以这么优秀!

所以,一定不要对孩子的某一行为冷嘲热讽,听多了嘲讽的话,学生会不自觉接受自己的差劲,甚至会拿老师贴的标签做"挡箭牌"反驳老师,试试看,换个角度看待这件事儿,做好正向评价,引导问题的解决,说不定会有意想不到的效果。

二、要比"努力",不比"聪明"

每个孩子都有上进心,都希望自己比别人强,能够得到老师、家长的认可和表扬,但孩子的能力毕竟有限,有时候明明已经很努力了,可还是与别人差距很大。

我们班就有这样一位女同学J,每天早读第一个到,上课也会积极地记笔记,虽然不好意思找老师但有了问题也能第一时间找同学问明白,家长会的时候和家长沟通在家也是每天认真学习到很晚,还自觉地刷了很多题,但成绩进步还是不太明显。

有次她主动来找我分析成绩,居然脱口而出:"老师,我是不是不该这么拼命学啊,我好像天生就不是学习的料。"

不啊,这是谁说的?

"我妈每次考完都会嘟囔,隔壁家赵阿姨的孩子也是你这个年级,天天晚上写完作业就出去玩了,没有一天学到你这个点儿的,咋分数回回比你高那么多,就算是笨鸟,这么多年也该飞了!"J同学模仿着母亲的语言和动作,能看出来这位沮丧的母亲似乎忘记了自己发泄情绪的言行正在深深地伤害着这个辛苦努力的孩子。

于是,我马上约谈了这位母亲,跟她聊了这件事在处理上的问题,让J同学自己给自己打上了"不会飞的笨鸟""不是学习那块料"的标签,孩子的辛苦努力在成绩面前被讽刺得一文不值,试问哪个孩子还愿意付出时间精力再去投入下一阶段的奋斗?

我跟这位母亲分析了J同学的各科试卷,发现她的问题在于学习方法上的不科学,和容易受到不稳定情绪的影响,于是引导家长在家肯定孩子认真、努力的一面,比如夸孩子审题更加仔细、字迹更加美观、解题思路更加清晰等。要让孩子知道,家长看到了她的全力以赴。然后再婉转地指点孩子，如果学习方法再科学一点儿，例如把题海战术换成主攻一道典型题，举一反三想方法……可能会事半功倍，只有这样，孩子才能感受到家长对自己的好，愿意接受家长的帮助，成绩自然会有更大的进步。

得到父母肯定的J同学眼里开始有了光，在学校也更加积极主动，敢于找老师发问，事情的结果也像我们预期的那样，她成功跻身班级的优生行列。

J同学的成功伴随着我们班另一名男同学Y的失败，因为脑袋瓜灵活也肯钻研，基本数学最后两道大题每次都能在他这里破解，但也因为此被贴上了"数学天才"的标签，导致他目中无人，对简单题嗤之以鼻，别人每晚用于整理错题的时间也被他和父亲打游戏挥霍掉了，后来成功跌出优生行列才让他幡然醒悟，老老实实跟着学校要求的步调往下走，再也不敢偷懒。

所以，对于学生的表扬，"努力"的标签远比"聪明"的标签来得更贴切，切不可因为错误的评价导致截然不同的结果。

三、教会学生客观评价

我有一个学心理的朋友，我跟她说，你要是需要做微表情分析，就趁着我调座位的时候来。

每当这个时候，同学们的表情都非常丰富，有的同学一幅"生无可恋"的臭脸；有的同学嘴角都快压不住笑了；有的同学羡慕地看向别的方向……

课下，我找了几个同学，问他们为什么臭脸，有的说："我上一任同桌虽然学习不好，但最起码爱干净，这个同桌给人的感觉就是'脏兮兮'的，我觉得我跟他坐一块儿会变脏。""我妈让我远离'品行不好'的同学，我怕他带坏我。""张老师，咱们班都知道我同桌'脾气臭'，要是突然打我，可怎么办啊。"我望着眼前的三位同学，一个虽然成绩好，但经常性因为不尊重老师被叫家长；一个表面听老师话但背地里搞小团体；一个总爱在背后嚼别人舌根子……这些学生对自己的缺点往往视而不见，却经常戴有色眼镜看别人的问题，这其中就不乏家长、老师、同学给其他同学"贴标签"带来的影响。

于是，我们专门召开了一节《交换人生"标签"，学会正确评价他人》

的主题班会,引导学生们在纸条上匿名写下别人给自己贴的最不喜欢的标签,并在背面写下被叫做这个标签说不出口的原因,丢进树洞里,然后每个同学依次上讲台抽取一张别人的标签纸条。

"你抽中的这个标签从此刻开始就属于你了,现在,有谁想为自己辩解一下。"

大部分的同学对于这些不好的标签都会感到不舒服,看了背后的原因后更加建立了对标签原所有者的同情,例如抽到因为生病发胖而被叫做"猪婆"的女同学站起来喊道:"我也想要好看啊,可是因为在吃一种治病的药,它的副作用就是发胖,请大家不要再说我胖了!";抽到因为管理同学而被叫做"告状精"的男同学喊道:"如果我什么都不说,那你会逃过一劫,但如果我说了,咱们班级会逃过一劫!";抽到校服总是"有味道"的女同学喊道:"我最近已经在搬家了,之前住在地下室,衣服晒不到太阳会有一些味道,请大家体谅一下,以后不会了!"……有的人喊完会得到代表支持的呐喊,有的人喊完会伴随着长久的沉默,甚至还有人喊完就哭了。

"如果你愿意,你可以帮他/她撕碎这个标签。"

几乎所有的同学在我说完都不假思索地撕掉了手中的标签纸条,那一刻,很多孩子都长长地舒了一口气。

学生们不是商品,而是有血有肉、有情有义的人,请别再用负面的标签定义他们的人生和未来。如果真要贴标签,那就给他们贴上正能量的标签,让孩子们一起无惧风雨,向阳而生!

第四章 特殊问题处理

第一节 你是真的"厌学"吗?
——我和小叶的心理诊疗故事

送走第三批学生的时候,办公桌上摆满了学生送的明信片和信件,其中一张明信片静静地躺在角落,那么不起眼,但偏偏它里面的内容最令我动容——"张老师,谢谢您把我从家里带来了学校,您曾是我那段黑暗时光里的大英雄。"

思绪一下子被拽回了初一时候,级部主任找到我,牵着一个瘦瘦的小姑娘,"她叫小叶(化名),因为身体原因休学了一年,让她去你们班吧。",然后悄悄拉过我在我耳边说,"心理问题导致的休学,多关注点儿。"

那是我第一次接触小叶,她不爱说话,脸上气色不太好,总是驼着背,像是喘不动气的样子。为了观察她的适应情况,我搬着桌椅坐进了教室,一段时间后,我发现小叶是个非常乖巧但不爱说话的孩子,老师对她关心她总是不自觉地侧身躲开。

直觉告诉我没这么简单,果然才一个周左右,她的父亲就打来电话告诉我要给小叶请假,而且一请就是一个周。

因为担心孩子刚开学,可能会跟不上进度,所以我问了下原因,小叶父亲一开始说孩子的身体不舒服,后来在一再追问下,才跟我说是之前受到了一些刺激,导致出现了"厌学心理",休学期间一直在接受心理辅导,已经有所好转才复学的,但这段时间回学校触景生情可能又在心里产生了不好的念头,所以打算再给她看看医生。

当我再想继续追问下去的时候,小叶父亲支支吾吾地挂断了电话。

老师们劝我不要多管闲事,人家家长都请假了,我们准假就好。但我怎么看小叶在学习中的表现都不像"厌学"的样子,所以我下定决心要调查清楚她"厌学"背后的原因,想把她请回学校。

一、了解情况

我先是找到了小叶的前一任班主任询问她之前的表现,得知她还有个哥哥,兄妹俩的成绩都不算理想,但对待学习都很认真,也很要强,那时候的小叶还虽然比较内向但还愿意和人交流,笑起来也很甜。小叶的家长工作很忙,但是对他们的学习却特别上心,每次开家长会都要问问孩子在学校的表现,并积极配合学校的各项工作,是一个看起来没什么问题的家庭。

但是在接下来的交流中我听到了一个令我震惊的消息,小叶有一段时间频繁请假说是身体不舒服,去医院只说是气胸导致身体比较虚弱,让休息几天就好了,但时间久了家长也产生了怀疑,总觉得她是在借此机会逃避学习,有次小叶没考好,又加上她提出再请几天假在家休息,小叶父亲气得抄起一盆水浇在了小叶的头上,从那次之后,小叶就病了,她经常会哭,会胡思乱想,会把自己卧室的门锁起来一整天不出门,无论她的父亲怎么道歉都没用。

于是家长便提出了休学,带她到处进行心理治疗。

我才意识到这件事远比想象的更棘手,于是我在认真思考过后,找到了学校的心理老师,决定登门拜访。

二、吃了一记"闭门羹"

家访时,我如愿见到了热情的小叶父母,但小叶却把自己锁在房间里,小叶父亲很尴尬地一遍遍敲着房门,让她出于尊重也出来见见老师。我叫住了他,对着门里面说,"小叶,你是这个家庭的一份子,我希望你能参与进我们的讨论中来,如果你不想和我们见面,那你就搬个凳子坐到门口,一起听一听吧。"

然后我们一起把餐桌搬到了小叶同学的卧室门前,就坐在这里谈,我首先是表达了对小叶想法的理解,能体谅她的难处,表达了我和其他老师都很喜欢她,想为她提供帮助;

引导她每个人都会有情绪,要积极面对自己的情绪,用合理的方式宣泄出来,身边的老师家长们都会体谅她的;

告诉她在义务教育阶段，上学既是权利也是义务，她得来学校，生病不去医院治疗不能解决问题，在学校和家里遇到困难也要学会迎难而上；

同时引导她去回想这几天在学校发生的有意思的事情，既然选择了复学，就是给自己一次机会，集体生活可以对自己产生很多良性的影响，从而获得更多快乐……

我说出的每一句话都像是石沉大海，重重地砸在她卧室冷冰冰的门上，得不到回应，但我坚信她在听，也听进去了。

我又转过头，和心理老师一起给了小叶父母几点建议：

1. 认清孩子的状况，不能再用对其他孩子的学习标准要求她，每天只要完成上学的任务就值得表扬，刚开始一整天坚持不下来就半天半天去，作业尽量完成，多少都无所谓，在学校我会跟老师谈，不公示她的作业问题，上课也不提问她，让她没有负担地上学。

2. 尝试修复家庭关系，让爱流动起来。我能感觉到一进入这个家带给我的一种破碎感，不是孩子造成的，是家长过分紧张小叶的情绪变化，一有问题第一时间就是问询，孩子说没问题家长不信，有问题家长又陷入深深的焦虑和自责，妈妈总是哭，爸爸总叹气，这样的环境试问给孩子带来多大的压力啊，所以，先关注自身，把自己的情绪稳定下来，让自己足够强大，不然怎么去包容孩子脆弱的小心灵呢？

3. 最后，我也拉着小叶父亲单独沟通，不要总是道歉，当下孩子的心灵还没有强大到回忆起那个场景可以原谅父亲，让她频频想起那个场景不是一件好事儿。

小叶父母都对我们说的话表示了肯定，并表示会努力做到。

临走前，我放下了一本《居里夫人》，我轻叩房门，对着里面说，"小叶，我给你带了礼物，班里每一位同学在过生日的时候我都会送他们一本书，你来的晚，我看你的生日已经过了，这是迟来的礼物，欢迎你来到星火班大家庭！"

不知道是不是这个举动打动了小叶，她居然推开房门出来了。

"我想跟张老师单独下楼走走。"

三、街头夜话

也许是刚才把想说的话都说了，我反而没话聊了，我们师生二人手拉手，就在街上漫无目的地走着。

最终是小叶先开了口，"张老师，重来一次结果会不一样吗？"

"会的呀，你的父母、老师、同学都在发生变化，就跟游戏一样，不一样的开端注定会有不一样的结局，作为你的班主任，我觉得你没问题！你也应该相信我没问题！星火班的同学、老师更不会掉链子！"我看着她藏在厚厚眼镜片下的眼睛，很真诚地和她说道。

"张老师，我愿意试一次，给自己一个机会，请您一定不要放弃我！"

"你放心试，我会永远在下面为你兜底！"

我轻轻地抱了抱她小小的身子，那一刻，我感觉她的身体充满了力量，像是一个小超人！

那晚夜聊过后，第二天她并没有来学校，但小叶爸爸和我打电话说明了情况，是孩子提出的要去医院检查一下身体，我第一时间准了假，当天下午，小叶如约而至。

从那天起，小叶中间虽然陆续请过几次的治疗假，但并没有再出现长时间不来的情况，在学校、家庭中遇到处理不了的问题她也会第一时间寻求我的帮助，我的解决方案也都让她非常满意（可以参考《学会勇敢表达——致敬每一位站上讲台的你》中小叶同学的问题解决）。

初二结束时的家长会，她妈妈牵着我的手哭成了泪人，这两年的时间对于这个家庭太不容易，但最后的结果好在没有辜负我们的努力，小叶成长得非常好！

所以，当你的家长再跟你说起孩子的"厌学"，不要轻易地下"心理有问题"的定义把他推给心理医生就不管了，他厌的不一定是"学"，可能是"以他的力量无法解决的问题"，我们要一起帮他们想解决问题的办法，引导他们积极思考，从而获得追求美好人生的动力。

第二节　"早恋"这件小事儿

有很多初中阶段老师在处理班级问题时，最怕听到的一个词就是"早恋"，其实，如果对"早恋"的原因进行剖析，并施加有针对性的疏导干预，这个问题其实不难化解。

今天就来分享我处理的两起关于"早恋"的案例：

案例一：

学期中旬一顿再平常不过的午饭时间，一个学生端着餐盘神秘兮兮地凑到我身边，伸手指指远处桌上就餐的两个小小身影，兴奋地给我比了个"拜堂"手势就跟同伴嬉笑着跑掉了。我定睛一看，这不是我们班的H同学和F同学吗，便在心里嘀咕一句不就是一块吃顿饭的事儿嘛，现在的小孩可真是爱八卦。

然而接下来一个周，H同学和F同学却越发的"形影不离"起来，吃饭要同桌，打扫卫生要结伴，放学路队要前后……有次午餐H同学端着餐盘坐在了我身边，吃着吃着突然觉得有人看我，扭头一看，F同学就坐在后面的桌子上，小姑娘还回了我一个意味深长的笑脸，班级学生碰巧经过她跟前儿来了一句"H夫人这咋落单了。"于是被追着跑出了食堂……即便被戏谑，出了食堂门，H、F同学俩人还是不自觉走到了前后位置，一同回了教室。

我觉得事情并不像我想的那么简单，但是也还没到学生们说的那般复杂。于是我决定从H、F同学自身作为切入点，进行疏导，找到他们两人"形影不离"背后的原因。

既然宁愿被误会，都要黏在一起，证明二者身上都存在对方身上所缺失的点。在找两位学生分别进行谈话前，我先分析了他们两人的性格，发现无论是H还是F同学都存在不同程度上的情感缺失：

H同学是个不折不扣的"小暖男"，幽默且细心，照顾同学也常常为老师分担一些力所能及的活儿，但是能察觉出来小伙子心思过于细腻敏感，善于"察言观色"，生怕自己做得哪点不好会惹得老师不高兴。

F同学性子比较直，私底下想到什么就说什么，如果有同学招惹她通常就是果断回击，却不敢上台表现自己，骨子里透出一股"自卑"又"执拗"的劲儿。

与他们二者的谈话也验证了我的猜想，F同学的妈妈刚刚生了二胎，家里大人都比较宠妹妹，尤其是爸爸，从来不在她面前表露过爱意；H同学的母亲极为强势，家里他和父亲都要让她三分，缺失母亲"温柔"一面的H同学和缺失父爱的F同学便在对方在身上找补起自己缺失的家庭之爱。

调研之后，我把主要工作放在两路进行：一是从班级层面召开"谣言止于智者"主题班会，利用舆论力量创造良好班级环境；二是深入走访家庭，引导家长明确做法。

为避免生硬的开场，我设计了一个传话小游戏：

第一位同学观看题词板的一段话，再小声传递给第二位同学，第二位同学再小声传给第三位同学，依次传递直到最后一名同学，最后一名同学再将话语进行复述。

连试5组，最后一名同学与题词板大相径庭的答案每次都会把全班同学逗得啼笑皆非。游戏结束，随机抽取一名学生提问感受，B同学："三人成虎，没有的事儿在经过多人之口传递后也成了真事儿。"我顺势做了个小调查，让他们写出自己的困扰以及对"传话者"说的话。活动结束，我发现班级好多学生都饱受被别人"传话"的困扰，几个"小喇叭"这时候也害羞地低下了头，H和F同学也仿佛被力证清白一般长舒一口气。

第二步，做家访。

刚到门口，H同学的母亲就乐呵呵跑出来迎接我，扭头吆喝一声H同学和爸爸去倒水，话里话外都宣示着这个家绝对的权威。我采取了跟家长分别谈话的方法，H同学的父亲怯懦地向我吐露了对妻子强势行为的不满，跟H同学一样，他们在这个家没有话语权。

在跟H母亲的谈话中，我发现这位母亲不是没有意识，H同学的小学老师也发现并委婉地跟她提过，可她并没有认识到事态的严重性，依旧笑呵呵地跟我说："张老师，真不至于。"

见她还是满不在乎，于是我问了她几个问题：

1. 孩子多久没有笑着扑过来拥抱您了？
2. 孩子平时会不会主动过来帮您揉揉肩？
3. 孩子会不会每天都主动跟您分享快乐的事儿？

她的笑容一下子僵在了脸上，惭愧地摇摇头，说："不瞒您说张老师，我知道这些事儿他一定经常当着您的面做，我还跟孩儿说妈妈都吃张老师的醋了。"我轻轻拍拍这位母亲的肩膀，跟她讲了问题的症结，又摆明了问题的严重性，见她落了眼泪，趴在门口偷听的H同学的父亲推门进屋，搂住了H同学的母亲，轻轻拍着她的背，说："其实我一直在用我的力量去保护你们娘俩，你可以偶尔休息休息的……走吧，我陪你去找孩子，跟孩子示个弱。"我退出了卧室，H同学小心翼翼地看我一眼，得到我肯定的眼神儿后走进了屋子，三人经过长达一小时的沟通后都红着眼，挽着手出来了，我很庆幸在H同学的眼睛里重新看到了对这个家庭的信任，在这个家庭里重新感受到了流动着的爱。

F同学的家访则建立在家长会跟其母亲铺垫过的前提下进行，话题很顺利地过渡到父亲的爱，表达了父爱会让女儿们拥有不惧怕试错的勇气，和迎难而上的坚韧心理……家访的结果是F同学的父亲明确表态下一步要把爱更加均衡地分给两个女儿，尤其是大女儿成长的关键时期，更要做好陪伴和倾听工作。

很快就迎来了验收成果的时间，F同学是班级的副班长，周一班会课上第一次突破自我主动要求上台发言，声音洪亮地指出班级卫生方面存在的问题，整个人都闪烁着自信的光芒……后来的一天中午，F同学把我拉到教学楼的拐角处，给我深深地鞠了一躬，告诉我她开始觉得自己很优秀，不需要去迎合别人，这是家里人的爱给她的底气。

H同学则剪了寸头，潜下心来学习，一下课就缠着同桌给他讲题，在那次期中考试中取得了巨大的突破，考到了理想中的成绩，后来见到H同学的父亲，也觉得这位父亲变得自信爱笑起来，朋友圈中也经常能看到他们一家趁着周末外出旅游的照片，非常有爱。

曾经有老师问过我，你怎么能确定H同学和F同学是否真的没有谈过恋爱。其实我也不确定，但对彼此有好感是肯定的，至于他们两人关于"早恋"的小小交集，在此之后，我再也没听到过，而他们也在各自的平行轨道上平稳顺利地前行着，我想，这就足够了。

案例二：

如果说案例一中的两位同学关系不明确，算不得真正意义上的"早恋"，那么在H同学升入初二后，却实实在在地送给了我一个解决"早恋"问题的机会。

"老师，我跟J同学谈恋爱了。"放学后，我让H同学帮忙关窗户好进行消毒工作，他眼见其他同学都走了，便凑到我的耳边悄悄说道，我提着84消毒液的手抖了抖，直接抽了张凳子坐下来，"老实交代，咋回事儿。"他也不慌，也抽了张凳子坐下来，"必须交代，我也想问问您的意见。"然后，H同学用了十几分钟把确定恋爱的全过程声情并茂地描述了一遍，大体意思就是他在星火班的好哥们儿喜欢J同学，他就帮忙追求J同学，结果J同学向他表白了，他也觉得J同学挺好的，便答应了下来……

一通对话下来，我感觉脑细胞都战亡了不少。

"那你跟我说这个是有什么打算？"我反问H同学。

"张老师，J同学人真得挺好的，我确实有点喜欢她，也不忍心伤害她，但我又知道"早恋"这件事儿是不对的，不知道这件事儿应该怎么处理，这个事儿我没有告诉任何人包括我的父母，您是我最尊敬的老师，希望您能帮我出出主意。"H同学很诚恳地说着。

我又问了H同学几个问题，并在脑海里快速罗列了这件事儿的重点信息：

1. 两位同学都不希望这件事儿让其他同学知道；

2. 两个人确定所谓男女朋友的关系已经半个月有余，每晚都会约在小区里散步聊天，偶尔偷偷牵个手，目前还没有其他行为；

3. 还有更为棘手的问题，是J同学处于单亲家庭，父亲的离开让她非常敏感，有一定的分离焦虑。如果让二者强行结束这段关系，势必会对J同学产生较大的影响。

为了不让H同学的家长起疑心，我简单交代了几句，便放他走了。为了更好地了解情况，疏解这段感情可能会产生的问题，我决定第二天找J同学谈谈。

J同学是我们班级优生队伍里一个特别安静的小姑娘，撒在人群里都看不到的那种，但她却是个很有主意很要强的人，坐到我对面的时候，J同学眼眶里噙着泪花，却很坚定很小声地挤出一句："张老师，我们不分手。"

我没想到她会紧张成这个样子，于是安抚地摸了摸她的头，"乖，我本来就没让你们分手啊。"见她神情有所缓和，我继续说下去："H确实很优秀，长得帅，篮球、足球、长短跑样样都行，人也阳光开朗，幽默风趣，关键是对女生很尊重又温柔，你的眼光确实很好嘛！"她皱皱巴巴的身子终于舒展了，"张老师，我错了，我不该谈恋爱。但是……""但是乖，你也不差啊，你是我见过最温柔善良的姑娘，虽然运动细胞不发达，但你的作文写得真的很不错，我已经很久没有读到过像你写的那样优美的文章了！"我打断J同学，接着往下说，"其实我觉得，你们两个身上都有彼此吸引对方的美好特质，你们这个年纪，追求美好事物是一件非常正常的事情！对于你们的选择，我理解且尊重，但我并不支持，我也喜欢一切美好的人和物，但不一定要把这份美好变成亲密关系才算拥有，你可以学习他身上的美好特质，学着乐观，学着开朗。在你们这个年纪，不具备分辨是非的能力，在未来遇到一些事情的时候，很容易受到伤害。你是一个聪明的姑娘，我不着急要你的一个回答，你回去想清楚了来找我吧。"送走了若有所思的J同学，我长舒一口气，其实J同学表现出来的态度，让我已经预想到了第二天的结果。

果然第二天，J同学早早就找到了我，"张老师，我不想那么轻易地放弃一段感情，我也仔细想过了，我没有那么脆弱，有承受离别的勇气，更重要的是我要对我们做的选择负责，但还是谢谢您的提醒，希望您能替我们在同学们之间保密，我们向您保证，一定不会告诉同学，也不会影响我们的学习。"我拍了拍她的头，"还要向我保证不可以做出任何出格的事情，保护好自己；另外，不要再通过手机联系对方。"她点点头，算是承诺。

学生上课后，我约见了J同学的母亲和H同学的父亲，跟他们了解了这俩学生最近在家里的表现，并告知了两人的事情，两位家长并没有表现得特别惊讶，相反还表示了对孩子的理解与尊重，但我们都有一个一致的观点，就是这个年纪的他们谈及感情是不合适的，一定不能让任何一方受到伤害。所以，我们一块儿商量了对这件事儿的处理结果：

1. 我会跟班级的老师通一下气儿，家长和老师加强监督和管理，防止出现法外之地（为此我专门把两人调成了地理课代表，双方父母也增加了上下学的接送服务）；

2. 把两人调成同桌，让他们近距离发现对方的缺点，产生嫌隙；

3. 采取慢疏导的方式，因势利导慢慢解开两人之间的心结。

这件事儿处理后的两三个月里，我和双方父母每周都沟通，和H、J同学也经常聊天谈心，我很庆幸的是，虽然两人的态度都很坚决，但出于对我解决问题的信任，他们愿意和我分享一切，这也让我能够及时把握事情的走向和动态。

再后来一个非常平常的日子，我上课回来在办公桌上发现了一封信，拆开一看，是H和J同学写给我的：

张老师，展信佳。

在过去的一百多天里，我们并肩看过非常多美好的事物，也享受着对方身上自己喜欢的特质带来的温暖,答错问题被批评时、学习累了时、考试失利时,只要看向对方眼神里流露的鼓励就足够让我们重新振作起来……这一切,都太美好了!

就像您说过的,"两个缺爱的孩子,会把爱看得无比重要,"我们都太想把这种美好攥在手心里,却忽略了您还说过:"但爱,应该先是自己给予自己,不应该是向对方索取。"随着时间的推移,我们感受到了对方的需求带来的压力,明白了您说的"当前我们的年纪还无法给予对方什么,强行在一起并不是'为他好''负责任'。"我们还有喜欢,但当前我们的年纪,还配不上把这份喜欢变成为责任的重量,所以,我们决定分开了。

别担心,这是我们商量后的结果,我们谁都没有受到伤害,同时,感谢您这一百天里为我们操的心、受的累,我们都很爱您!

此致,敬礼。

看完这封信,我久久不能平复自己内心的激动,激动于持续几个月的提心吊胆终于结束,同时也激动于原来我说过的每一句都被他们记在了心里,潜移默化地发挥着积极影响。

当天,我给双方父母去了个电话,指导他们最近一段时间的做法和说法,密切关注了他们一段时间,直到他们的学习生活步入正轨,这件事儿总算圆满地结束。

关于"早恋",影视剧中总会用一些夸张的表现手法进行渲染,让很多老师恐惧于对其进行解决,生怕处理不到位会引发班级其他学生的竞相模仿,所以一旦发现学生互有好感,便采用简单粗暴的方式贴上"早恋"标签,甚至搬出校规校纪强加干涉,结果可能事与愿违,导致双方学生走得更近。

先贤李冰父子治水都江堰的方法,给班主任们处理中学生早恋问题提供了有益示范:堵不如疏,正确的疏导和引导,远胜刻板、粗暴的批评教育,而处理过程中真正做到尊重学生,从学生的实际出发,才能让他们感受到真诚与善意,进而接纳我们的引导,顺利解决"早恋"这件小事儿。

第三节　一场网络骂战引发的主题班会

"张老师，我现在能跟你打电话吗？"

某个夜里十点多钟，X同学突然在微信上发来一条消息，这把已经要睡觉的我吓个不清，这是遇到什么事儿了需要大半夜求助我。

正当我想要把电话拨过去的时候，X同学在微信上发了一连串QQ空间的截图，我往下拖着看了看，说说下面几百条评论充斥着字母和一些露骨的脏话，大部分是一个叫'时间酿酒'和另一个叫'逆伤'的人发的。

"这个'时间酿酒'是谁？'逆伤'又是谁？"

X同学发来了一段语音："张老师，这是我的QQ空间，'逆商'是咱们班的王同学，'时间酿酒'是她的好朋友。就像您看到的样子，就因为我们今天在网课时发生了一些小摩擦，她找人在QQ空间里骂我，您看没看那些话有多难听。"

"什么小摩擦？"

"数学老师想叫我回答问题，但叫成了她的名字，恰好她没有在好好听课，没回答上来问题，被老师惩罚整理五道错题，我下课后去找她，说：'你没事儿吧。'她就说我'装什么'，就是这件事儿。"

直觉让我感觉这事儿没她说的那么简单，于是我让她老实交代她到底发了什么，也许是没想到我会追问下去，她犹豫了一会儿，还是向我交待了，"好吧张老师，我承认我的言辞也不是太合理，我说了'这都不会，你是傻子吗。'但是她叫别人来我空间里骂我这件事儿是不是更过分！"

其实我觉得X同学说她骂李同学"傻子"都保守了，真实的情况可能比这个还要刺激的多，但追究下去没什么意义，我答应她，明天我来处理这件事儿。

这样的网络骂战其实我不是第一次遇到了，之前自从上了网课，拿到了手机的学生们就像泼猴附体一般在网络世界里"胡作非为"，尤其是女生，在QQ空间隔空对骂的现象特别常见，隔几天都会上演一场触目惊心的网络撕逼大战,这个陋习在复课后也被完整地保留了下来。

但从前我也只是听闻班级的某某某很会骂,某某又是撕逼大战的"常胜将军"如此种种,这些学生的QQ空间对我都是屏蔽状态,所以,今晚也是我第一次见识到这帮孩子们的"功力",着实让我吃了一惊。

就算X同学不说,我也在心里打好了算盘,这场关于网络骂战的主题班会,得开!

第二天的班会时间,孩子们见我阴着脸,便早早地回到了座位,心虚地小声犯起了嘀咕,"谁把张老师惹生气了。"

我清清嗓子,"我没生气,但也不算开心。开完这个班会,你们就知道怎么回事儿了。"接着,我抛出了班会的第一项活动:

请同学们拿起下发的白纸,用心写下你来到星火班最希望得到同学们认可的一件事儿。

孩子们不知道我葫芦里卖的什么药,都认真地写了。

现在,请同学们把白纸换给同桌,请同桌狠狠地踩踊这张白纸,只要不撕破,怎么折腾都行。

孩子们面面相觑,但手上的动作却并没有停下来,有的孩子呲牙咧嘴,只为了把白纸踩踊得无法再下手,还有孩子把白纸团成球放在地上踩了两脚,周边的孩子为他欢呼,夸他有创造力,却没有人注意到他同桌的那个小姑娘已经红了眼眶。

我接着公布了第三步:

现在,请同学们把白纸复原成原先的样子。

话音刚落,人群中传来一阵爆笑,学生们不约而同地看向了刚才使劲折腾的那些人,果然,他们又开始呲牙咧嘴地抚平白纸上的皱痕,抚着抚着,欢声笑语的教室突然安静了下来,学生们好像猜到了我想表达什么……

随着我宣布活动结束,没有一张纸复原成了先前的样子,就算有一位小姑娘舍不得踩踊践踏同桌的"希望",但迫于规则,轻轻地折几下白纸,抚平后还是有一道淡淡的印子。

我让李同学起来分享她的活动感受,李同学不好意地起身,"我们都在对别人的希望施加不同形式的'暴力',事后虽然有道歉有补救措施,但褶皱的纸团永远变不回平整的样子了。"我又点了X同学补充,她的脸上也不自然,"所以我们谁也不要做那个揉纸团的人,哪怕只一句辱骂的话都是对对方的伤害。"

两个同学互相看向对方,尴尬地笑笑,仿佛都意识到了自己的错误。

我进行了总结:每个人生下来都是纯粹的,都希望得到爱与鼓励,可随意的戏谑与谩骂,可能对别人造成无法弥补的伤害;即便道歉,褶皱的纸团也永远变不回平整的样子了。

网络不是法外之地,我们不要当网络骂战的参与者,每个人都要为自己的行为负责。

"那如果别人先在网上骂我们怎么办?"班长Z举手问道。

"这也是我想跟大家聊的第二个话题,人生路上不免会遇到这样的情况,我们应该怎么'回击'呢?"

我在屏幕上放出了几个词"偷电线","偷井盖","讲粗话","贩卖人口",问学生一看到这几个词马上能想到哪个省份。

有几个经常网上冲浪对这些词汇比较熟悉的同学马上喊了出来,"河南!"其他的同学见他们这么笃定,也跟着回答,"那就是河南吧!"

我笑道:"河南怎么惹到大家了,一提到这些不好的词汇就会想到它?"

接着,我播放了一段视频——近四年河南火出圈的节目混剪:从2021年的《唐宫夜宴》到端午的《洛神水赋》、七夕的《龙门金刚》,再到2022年的《国色天香》,2023年中秋的《中国家宴》,2024年的舞蹈《龙舞》,对传统文化的巧妙编排,动情演绎,都深深地吸引着学生们。

我问学生,现在你对河南有什么印象,"河南文化底蕴非常深厚。""感觉河南人也挺会创新的,能把中华传统文化发扬光大,让更多的人了解河南,了解中华传统文化。"

学生们分享自己感受过后,我又呈现了第二个视频——在河南许昌,有一家被誉为"全国唯一一个商超5A级景区"的超市连锁,不但店里生意火热,还频频霸榜热搜,甚至带火了当地的旅游业。在胖东来,调料货架旁会挂着放大镜;冷冻柜旁会放着一次性手套盒;拖鞋区会放着一次性鞋套,方便试穿;水果生鲜区则明确标注了水果的等级、产地、糖度、口感以及吃水果的建议顺序等;香蕉旁放着香蕉色卡,标明熟到什么颜色最好吃……

顾客通过自助结账台结账后，不管人有多多，总会有打包员笑着迎上来协助打包商品；如果顾客需要长途开车，打包员还会提醒对熟食进行真空包装，用免费冰袋保鲜，并且在包装袋里放上一次性手套和小叉子；超市收银台配备了大小不同的购物袋，供顾客分类打包商品使用，且全部免费……

看到这儿，教室里已经开始频频发出羡慕的声音，但胖东来的魅力远不止于此——除了购物体验，让其火"出圈"的还有其员工福利：一年休息140天、薪酬高于同行50%、加班可耻、把每年利润的90%按级分给员工……种种待遇叠加之下，胖东来被网友们誉为"打工人的桃花源"。

视频播放完，不等我问，学生们就爆发了激烈的讨论，"哎呀，咱们要不收拾收拾去上班吧！""要是我生活在河南，就我家楼下超市服务员的态度，早就倒闭了！""这胖东来咋不在咱山东开一家，我保准办会员！"

我适时抛出问题，"所以大家觉得河南怎么样？"

"非常好！"

"那你们还记得最开始是怎么'攻击'人家的吗？"可能是两个视频带来的强大冲击，让学生们忘记了自己刚才的"地域黑"行为，我冷不丁这么一问，倒是给他们整不会了，一个个尴尬地看着我，"所以，河南人用什么回击了向大家刚才那样'通过网络和猜测就妄加评论河南'的行为？"

"用实力"，"用真诚"，"用事实"……

"我们难免会被别人说坏话，与其用嘴去争辩，以暴制暴，不如用行动和事实说话。"我总结道，"现在大家应该明白应该如何做了吧！"

那次班会之后，听说李同学主动找X同学道了歉，两人也恢复了之前的友谊，结合着我们班级里开展的手机管控行动，那段时间里QQ空间里着实清净了好久……

随着互联网在学生间的可接触度提升，社交网络也逐渐扩散深入到学生们的朋友圈中，网络空间俨然已成为了一个暴露在公共场合下的话语表达空间，然而，突破时空限制的沟通与交流并没有使学生们更为团结，相反，有了网络这层无形中的壁垒庇护，社交媒体反而成为学生之间谣言散播和仇恨话语滋生的温床，这就需要我们通过一定方式施加干预，瓦解网络"壁垒"，从而达成触动学生内心，从根本上不去参与，不屑参与的效果。

第四节　和"手机"瘾君子斗智斗勇的故事

　　可能每个班主任都遇到过这样的情况——每逢大型考试,一准儿能接到家长电话,声泪俱下地控诉孩子在家手机上瘾,最后丢下一句"老师,这孩子我管不了了,您多费心吧。"就匆匆挂断电话,只留下电话这头的班主任气得说不出话来。

　　这不,这天我也遇到了这个情况,但比想象中更棘手的是,一般的家长也就说说气话,该管还是要管的,但这名家长直接说到做到,周一孩子没来上学,我着急地打过电话去,她的母亲只淡淡地来了一句,"人在家,瘾太大了,跟吸毒一样,昨晚半夜起床偷偷翻箱倒柜,找到了我藏起来的手机,硬是玩到凌晨四点,今天起不来床,没办法,张老师我不管她了,您不用找我。"我直接火了,提高了音量,"没有特殊原因我们是不能给孩子准假的,正常上课的时间她没到,这是要算旷课背处分的,家里人都知道吗,知道的话能同意吗?"

　　"同意,我替她爸爸同意了,反正我跟她那个爹已经离婚了。被她爹惯得没边儿,才会手机上瘾,她爹巴不得她在家舒舒服服的。"对面的音量也明显提高了,字字句句都是对父女俩的抱怨和不满。

　　我一看事情没有按照预想的节奏发展,就先稳定了自己的情绪,轻声地说:"您看,孩子自己在家也不安全是不,而且还随时有接触手机的机会,导致更深的沉迷现象发生。要不,您把孩子送来,我跟她聊聊?"

　　听我这么说,这位母亲一下子冷静下来,连连跟我道歉,"对不起张老师,我刚才就是对她跟她爹气急了才说那些话的,不是对您。这家伙真得上瘾太严重……按您说的,我马上执行!辛苦您了!"

　　放下手机,我摩拳擦掌,准备好好会一会这位母亲口中的"手机瘾君子"赵同学。

一、谈话

只是隔了一个周末，再见到赵同学的时候，就感觉像是一具被手机吸干精力的躯壳，双目呆滞无神，直勾勾地盯着我看，没办法把她跟周五放学时那个活蹦乱跳的小姑娘联系在一起，现在看来，她妈妈对其"手机瘾君子"的形容还真是贴切到位。

"小赵，你还在线吗？"我伸手在她面前晃了晃，赵同学慢慢回过神儿来，不好意思地笑了，"张老师，我没啥事儿，就是昨晚玩了会儿手机睡得有点晚，我妈妈已经说我了，以后我不会了。"

虽然承认得很快，但我并没有打算放过她："来，我问你几个问题，'玩了一会儿手机'没问题，一会儿是多久？""三、四个小时吧。"她很难为情地说道，"'睡得有点晚'是多晚？""嗯，我没看表，睡觉前去上厕所的时候好像天快亮了。"越说她的头越低，"你的妈妈说你了，但是你当时没有听进去，对不对，你还是选择了忽视妈妈的告诫，继续熬夜玩手机，那你现在为什么面对我又突然'不会'做这件事儿了呢？你觉得如果你是我，你会不会选择相信呢？""不会。"她把头深深地埋进高领毛衣里，不敢再直视我的眼睛。

引导她直面问题后，我问清了整件事情的来龙去脉——赵同学的小学时期，父亲常年在外地出差，母亲的工作又是需要后半夜回家的，两人的脾气还比较冲，一回家就吵得不可开交，后来父母离婚后，母亲有了新的男朋友，晚上也不回家了，赵同学跟奶奶一同居住，本就没什么话说，久而久之，便接触了手机游戏和聊天软件。初中，母亲因为工作调动晚上也有了一定时间去陪伴赵同学，重新感受到母爱温暖的赵同学选择主动收起手机，好好学习，迎合母亲的喜好，凭借着聪明的头脑，也成功跻身班里的优生梯队，但母亲和奶奶因为重男轻女的问题，又开始频繁发生争吵，最近一次母亲甚至直接摔门而出，出去住了一整晚宾馆，这让赵同学又产生了分离焦虑，便又把自己对亲人陪伴的渴望寄托到了手机上。

听到这里，我不禁叹了口气，处理过很多起手机上瘾问题，这其中大部分都是亲情缺失或者分离焦虑导致的情感转移，但家长却片面地把问题都归结于孩子的不自律，这其实是不对的。

我尝试着换个方向，和赵同学沟通起母亲的不易。但提到母亲，赵同学的情绪明显激动起来,"小学时候我跟我妈一个房间睡,她每天都刷手机到深夜,屏幕的亮光晃得我都睡不着觉,她说我是手机上瘾,我看就是她遗传给我的!"她喘着粗气,身体不自觉地抖动着,豆大的泪珠一滴滴砸在地上,能看出来她的委屈与不满。

解决问题的矛头又重新指向了赵同学那不作为的母亲,我才发现,事情远比想象的棘手。家访,势在必行!

二、家访

我专门选择在赵同学去上舞蹈课的时间到访她们家,想先跟她的母亲聊一聊,寻找一下突破点。

来到赵同学的家里,第一感觉就是喘不过气,60平米左右的屋子里,挤着生活习惯千差万别的三代人,客厅角落小小的双人沙发勉强能让我们几个都坐下来。

"这位就是小赵的奶奶吧,奶奶好。"我笑着跟角落坐着的奶奶打招呼,但赵同学的奶奶却冷着脸,径直起身走进卧室,重重关上了门,我的笑容僵在脸上,最后还是赵同学的妈妈帮我打起了圆场,"小赵奶奶就这样,平时待我待小赵都是一样的,您习惯就好。"

联想到赵同学之前给我讲她们的家庭情况,我瞬间明白了这个孩子在家庭中的难处。

和赵同学妈妈的沟通中,我先是表达了对这位母亲拉扯孩子,赡养老人不易的理解,一提这些,坚强的母亲不禁掉起了眼泪,"张老师,虽然我跟她爸爸离婚了,奶奶没找到房子,我也允许她暂时住在我这边,帮忙赡养老人我一点问题都没有,但她的存在也确实给我跟小赵带来了很大的压力,我们最近在看房子了,打算我俩先搬出去住一阵儿……小赵是我的亲闺女,我非常非常爱她,但我也是第一次当妈妈,有很多地方做的还不到位,这个孩子现在这么叛逆也是我没想到的。"

"我能感受到您对孩子的爱,也看到您在为孩子的手机问题想办法,这就比很多不作为的家长强太多了!但是……"看到了这位母亲对家庭问题的反思和积极解决问题的态度,我便多了几分信心,和这位母亲聊起了赵同学的说辞,也委婉地反映了母亲的手机使用给孩子造成的一定困扰,这也是这位母亲第一次听到女儿内心的真实想法,她长叹一口气,"她从不跟我说这些……原来真是我的原因啊,张老师,您说这可怎么办。"

建立在理解认同的基础上,我和赵同学的妈妈沟通了我的想法,她表示会全力配合。

达成共识后,我们一起去接上舞蹈课的赵同学。

三、签订协议

接到赵同学后,为了避免奶奶的干扰,我们并没有回家,而是选在小区的一处花园连廊坐下来,一起聊聊天。

赵同学在我旁边坐着,比在学校里更加拘谨。

还是赵同学的妈妈率先开了头,很郑重地向赵同学表达了自己的歉意,并提出来自己可以陪她一起,放下手机,相互监督,一同找寻更好的自己。

赵同学的脸上闪过了一丝欣喜,但又很快摇摇头,她看向我,"张老师,我怕我做不到。"为了打消她的担心,也是为了我方便后续跟踪检查手机问题的落实情况,我从包里掏出了三份协议书,协议书内容如下:

电子产品管理协议书

【写在前面】:智能手机不仅仅是时代进步的证明,它也不是单纯的科技产品,如果使用不当,它可能会变成危及你身心健康的武器。你一直是明智的孩子,我们这么做是想确保你能继续做出正确的选择。

这份协议说明就是要确保你会一直安全和快乐,也是为了确保我们之间能一直保存一条畅通无阻的沟通渠道。所以,请你做出郑重承诺,无论何时,无论何地,使用手机都是为了提升自己,为了当你遇到让你感觉害怕或者没有把握的情况时,可以便捷地向我或可信赖的成年人寻求帮助。

所以,请仔细阅读协议内容,有任何疑问,请及时提出。

管控不是管教,协议也只是为了让我们之间的沟通更顺畅。孩子,不管协议是否签订,我和你的父母都一如既往爱你。

我_____承诺:

1. 在约定的时间范围,尽最大努力,完成电子产品管理的相关要求;

2. 如果没有完成,心甘情愿接受相应的惩罚;

3. 我将以人格担保,在此过程中不作弊。我宁可宣布挑战失败,也要在父母、老师和同学面前保持诚实。

一、我的目标

1. 我选择了_____挑战。

终极挑战：不使用手机等电子产品，或使用非智能手机（例如老人机）。

一级挑战：周内不使用手机，周末每天使用手机、ipad、电脑总时长不超过半小时。

二级挑战：周内不使用手机，周末每天使用手机、ipad、电脑总时长不超过1个小时。

2. 我接受下列约束

（1）允许父母在我的手机、电脑上安装相应的APP，并进行设置。

（2）不在晚上10点至早上10点之间使用手机。

（3）不使用第二部手机，或其他人的手机。

（4）周内尽量不使用电脑和iPad（做作业除外），若不得不使用，会计入时间，并在反馈时予以说明。

（5）若有特需，不得不违反上述第二、三、四条，则需提前或事后及时予以说明。

3. 挑战的期限为：_____至_____。

二、我享受的权利

1. 在规定的使用时间内，我使用手机原则上不能被干预（无论是父母还是老师）。强调"原则上"，是指不能做违反原则的事，例如浏览不健康网站、用手机搜索黄赌毒内容，或发表反国家的政治言论，包括任何盲目追星的行为。

2. 出现超时使用手机或其他情况，我有权为自己辩护并说明原因，但要接受老师的裁决。例如，因做作业或必要的通话使用手机时间过长，则可以申请扣除相应的时间，但必须记录来证明这段时间是用于做作业或通话。

三、我履行的义务

1. 每天在约定的时间内上传手机使用记录。若有违规，要说明原因并接受惩罚。

2. 若当天超出了使用时间，则在次日减少使用时间作为惩罚，不够的部分顺延到后天，三次超出使用时间，则意味着挑战失败。

3. 一旦挑战失败，在班级群发布不少于500字的致歉书。

学生＿＿＿＿　父母＿＿＿＿　老师＿＿＿＿

赵同学和母亲一起阅读了这份协议，最终选择了难度最低的二级挑战，两人郑重其事地签上了自己的姓名，母亲在自己的名字下方写了这样一段话，"我保证，工作以外的时间和小赵一起参加这个挑战，如挑战失败，我也接受惩罚，在工作群发布不少于500字的致歉书。"

这句话把赵同学给逗笑了，"妈妈您要因此丢了工作可别赖在我跟张老师头上哈哈。"

我收起了一份协议，另两份协议一份给了母亲，一份给了赵同学，我们相互约定，一个月后再来验收这份成果。

四、主题班会

赵同学的问题解决了吗？我想并没有，家庭问题的处理并没有让她产生对手机使用的思考，只是和母亲的契约精神可以支撑她完成这个挑战。

赵同学的问题也不是个例，班级里大部分的家庭可能都会因孩子的手机使用问题隔三岔五爆发争吵。

所以坐上返程的出租车，我当即决定要召开一节手机使用的主题班会。

班会课上，我先是在屏幕上展示了长期服用毒品的人类大脑和正常的人类大脑，在同学们以为我要切入毒品话题时，我又展示了长期接触网络世界人的大脑，居然和长期服用毒品的人类大脑没有什么区别，都发生了极具萎缩！

教室里的学生坐不住了，有几个学生摸了摸自己的脑袋，仿佛能掂出斤两，一看就是被照片吓住了。

还有几个学生不相信，说他们刷短视频的时候非常亢奋，怎么可能大脑萎缩，于是我给他们讲了一个情境："我知道有一些同学周末学习累了会拿起手机刷一会儿短视频，但当你躺在床上刷了一个小时短视频，心满意足地收起手机，重新坐回桌子前，你会觉得心烦意乱，感觉到手机在向你招手，于是你草草地写两笔作业，糊弄完事儿又迫不及待地把手机找来继续刷。""张老师您在我家里装监控了吗！"同学们之中传来一声惊呼，很多学生频频点头。

我总结道，"沾上以后还想要，甚至产生幻觉，这不就是上瘾吗？所以手机和毒品，本质上没什么区别！"

看着同学们若有所思的样子，我又继续讲到，"也许有同学还会拿需要技术、操作的网络游戏说事儿。但网络游戏的上瘾指数会更高，因为赢得游戏会让你瞬间产生大量多巴胺，这是廉价易得的快乐，而一旦你记住了这种感觉，那么当你在生活中稍有不顺，第一反应便是去网游世界里再次寻找这种快乐，导致网络沉迷，渐渐地和现实世界脱离。"

班级的同学倏尔回头，望向李同学，李同学曾经在班级里大肆宣扬网络游戏有多好，烦恼时来一局瞬间忘掉烦恼，现在这些话听起来特别打脸，不过一生要强的李同学也不能轻易认输，他站起来说，"存在即合理，网络游戏被不就是为了让人娱乐消遣吗？"

我早料到会有这一步，于是又播放了第二个视频《"奶头乐"理论》，奶头乐理论由美国前总统国家安全事务助理布热津斯基于1995年在美国旧金山提出。（陈松涛，2020）指的是生产力不断提升，伴随着竞争加剧，世界上80%的人口将被边缘化，他们不必也无法参与产品的生产和服务，同时80%的财富掌握在另外20%的人手中。为了安慰社会中"被遗弃"的人，避免阶层冲突，方法之一就是让企业大批量制造"奶头"——让令人沉迷的消遣娱乐和充满感官刺激的产品（比如：网络娱乐、电视、短视频）来填满人们的生活、转移其注意力和不满情绪，令其沉浸在"快乐"中，由此慢慢丧失热情、思考能力和自主判断能力，以此平息他们的抗争欲望和阶级仇恨。

"确实，对于'边缘人'而言，网络游戏存在即合理。"班长Z在看完视频后总结道，班里的同学爆发了一阵笑声，李同学也不好意思地低下了头。

"那如何才不会陷入'奶头乐'的阴谋？"我抛出了新的问题。

"我们可以把手机、电脑放得离我们远远的，不让它们荼毒我们的精神！"

"我们可以给自己找些事情做！比如爬山、跑步、健身、购物、做家务等等，让自己在现实世界过得更充实，不再享受虚拟世界带来的虚假快乐！"

"我们要好好学习，成为20%的掌权者，再看着那80%的人玩着我们生产的'奶头乐'产品。"

学生们你一言我一语，聊得热火朝天，我用余光瞥了一眼赵同学，她脸上挂着笑容，积极地在和同桌讨论着，看来，她已经走出了手机上瘾的泥沼,这次又无法把她和那个双目无神的"网瘾少女"联系在一起了。

五、后续监督

关于赵同学手机上瘾问题的解决到这里已经接近尾声,但星火班和手机的故事还远远没有结束。

那次班会后,为了巩固成果,帮助孩子发自内心地意识到手机带给自己的坏处,当以后出现类似情况时能够理性思考,作出自己的选择,也为了防止有些没有自制力的孩子"野火烧不尽,春风吹又生。"对其他孩子造成负面影响,我们制定了有效的监督措施。

一是借助《星火日记》每日记录自己的手机使用情况,并反思刚才这段时间通过使用手机你得到了什么,玩手机前后你是否产生了变化,这个变化是好的方向还是不好的,有没有什么替代方案等等,第二天我会认真翻阅,及时表扬那些有着深刻反思,并付诸行动改进的孩子们,同时对一些学生施加干预。

二是在家长会上和家长就手机使用问题进行了研讨,在家长会上,我播放了最近大火喜剧电影《抓娃娃》中的桥段——马继业被马氏夫妇培养的如此优秀,却依旧在接触到电子产品后产生了不良影响,用家里一个月的生活费购买了平板电脑只为玩7天电子游戏。

笑过之后,我又放出了在班级里匿名收集的问卷调查结果:班级里背着父母玩游戏的3人,每晚都要接触手机的12人,有玩手机到12点后经历的20人,感觉自己有手机依赖的27人……随着数字的增加,再自信的家长也不禁担忧起自己孩子在不在这些人的行列里。

在最后被放出来的数据是:自己父母手机使用时间过长给自己造成一定影响的35人。家长们没有想到,最多的一组数字居然是受到家庭的影响,大部分同学的家长都陷入了深深的沉思。

时机对了,于是我马上展示出学生们在班会课上讨论出来的手机管理班级协议,倡导家长们以身作则,配合跟进,监督落实。

家长们都纷纷响应,一定做好表率,力争孩子在手机问题上取得突破。

这就是我和手机"瘾君子"们斗智斗勇的故事,故事的结局还没有定论,我也无法因为手机问题一时得到解决就说以后孩子们都不会再遇到了，只希望孩子们不要忘记我给他们上的这节关于手机的班会课，做一个能够"放下手机"的人，一个脱离"低级趣味"的人，一个有追求的人。

第五节　学会勇敢表达
——致敬每一位站上讲台的你

不知道有没有人做过一项研究，研究不同视角回答问题学生的感受。产生这个想法是在星火班建立后的第一节公开课上，数学老师讲课时邀请举手的C同学发言，C同学站起来条理清晰地对习题中的几何图像进行了分析，但还是有同学没听懂，于是数学老师让C同学上讲台，指着屏幕上的图像再进行一次分析，但不知怎得，C同学站上讲台就显得没那么自信了，边吞口水边挠头，支支吾吾也讲不出个所以然。我坐在最后有些着急，也有些尴尬，便匆匆离开了现场。

那节课后，我也尝试着走到C同学的位置上，站立时的视角里只有老师，而站在讲台上的位置则需要面对无数双眼睛，这是我第一次意识到来自这些"目光"的压力，但我要帮助我的学生克服对站上讲台的恐惧，学会勇敢地表达想法！

一、为什么要表达

我拿着一张"资料填报表"走进教室，刚进来的时候就被学生们关切地围住了，但我什么都没说，只叫他们回位坐好，然后公布了一则喜讯："鉴于咱们班学习成绩优异，参加活动非常积极，多次获得流动红旗，学校给了咱们班一个强基班的名额，谁想要这个机会，可以自行走上这个讲台面向全班同学说明理由。任何人不要说话，只给大家1分钟的时间考虑哦！"

因为不能说话，所以学生们就看，一瞬间他们的目光全部聚焦到班级里第一名的女孩身上，那女孩被盯得不好意思了，害羞地低下了头，但没有丝毫要上来的意思，于是学生的目光又落在了班长Z的身上，没想到日常那么积极活跃的班长Z这次居然也哑火了，一直在憨笑着摇头……时间一分一秒地过去，大屏幕上倒计时进入最后的三秒，正当我以为不会有人上来时，F同学在全班同学惊讶的目光中站起身，卡着倒计时结束的声音冲上了讲台。

"我想试一试这个机会，虽然我的成绩不如班级里的某些同学，但也还算得上优秀……而且，而且我的梦想就是进入强基班，也一直在为这个梦想的实现而努力奋斗，希望老师同学们能投我一票，谢谢！"

他按压住激动的内心，语无伦次地说了一段理由，教室里安静了两秒，然后就爆发了雷鸣般的掌声，掌声中我看向刚才被同学们给予很高希望的两位学生，这个时候的脸色却不是太好看。

我牵着F同学，公布道，"既然同学们都没有异议，这个去观看钢琴表演活动的机会，就颁给F同学啦！"

在同学们错愕的目光中，F同学交代了我和他之间的小秘密："张老师找到我让我配合演出戏！看看机会来临时，咱们班谁能够抓住。"

"张老师你咋还骗人呢！吓死我了。"班长Z明显是松了口气，又开始笑着调侃起了我。

所以，为什么条件更优秀的你们在面对机会时选择了沉默呢？

"因为觉得太主动有点不好。"第一名的女同学说道；

"我还在想这种情境下肯定没有人敢上台，时间一到张老师您应该会让同学们推选，那我就可以名正言顺地上讲台了。"班长Z又憨笑了起来。

"也就是说我预判了你的预判？"班级里哄堂大笑，我压了压纪律，板起脸来总结道：

"金子，在哪里都是能发光的。"这句话没问题，但还有一句话，叫"机会不等人。"我们不要寄希望于让别人剖析、窥探、深入了解后发现你的优秀，机会降临时，大胆地去表达，至少让选拔的人意识到：哦，你有可能是块宝藏！才有下一步考察你的可能性。

除此之外，今天我没有进行不好的场景展示，如果咱们班的同学做了不正确的行为，警察需要证人站上讲台进行现场指认，你是否也会因为担心同学们的评价选择做沉默的大多数？

所以，勇敢表达吧，要相信通过你的表达，会让更多人勇敢地站出来为自己发声，为机会发声，为正确的事情发声！

二、克服恐惧，站上讲台

对于学生们，难以克服的并不是张开嘴这件事，而是要迎接来自别人目光的压力。

我给学生们观看了一则视频：这是美国心理学家汤姆·季洛维奇和肯尼斯·萨维斯基于1999年在康奈尔大学进行的一场实验。

他们将招募来的学生随机分成了几个小组，让其中一个小组的组员穿上一件印着一位印有过气人物且略显奇怪的衬衫，并且设置了一个迟到情境，保证所有其他学生能在测试者进门时抬头看到他。

研究人员先询问穿T恤的学生，觉得有多少人注意到身上这件有点糗的T恤，再去问房间里的人是否注意到T恤上的头像。

结果显示，穿T恤的学生觉得有50%以上的人都注意到他的衣服，但是房间里的人却只有10%的人看清楚了T恤上是什么图案。

由此，他们得到一个结论：人们总会高估自己的行为和外表被他人注意到的程度。

这个实验，验证了"聚光灯效应"的存在。

接下来，我和学生们一起，探讨了对于这个问题的应对策略：

1. 停止假设，给自己积极的心理暗示

每当自己产生"别人会怎么看我"想法的时候，多跟自己说几句："别人并没有那么关注我，不要想太多""他们过后就会忘记的，不用放心上"来缓解自己的情绪，暗示自己其实并没有那么重要。

2. 正确对待他人评价

我们很容易受到他人评价的影响，别人说我们好，说我们不好，都会背负一定的压力，因此我们需要正确对待他人评价，对自己有一个清醒且客观的认识，要认识到"每个人都有不完美的方面，都会犯错"。

3. 撰写日记，反思成长

只有感知到聚光灯效应的存在，才能帮助我们认识到思维陷阱的存在，所以如果遇到了类似的情景，不妨停止焦虑，并把你观察到周边谁在关注你记录下来，经过几次你就会发现，很多时候都是自己想太多。

现在，大家是否愿意一起加入挑战，用我们学到的方法尝试战胜恐惧，站上讲台，勇敢地进行表达？

"愿意！"台下的同学齐声喊道。

三、致敬每一位站上讲台的你

那次班会之后，我们班敢于举手回答问题的同学一下子多了起来，而且课堂中需要展示的环节也不再是被几位活跃的男同学霸占，越来越多的同学愿意站上讲台进行分享。

不仅是课堂展示的地盘，班级的讲台还成为了学生们勇敢发声的平台。

例如，我们班曾经发生了一起造谣事件，我们班级的小叶同学因为生病请了一个周的假，一个男同学在班级里传她怀孕了，这个消息传到小叶同学的耳朵里，她给我发微信求助，我便鼓励她站上讲台，说出她对这种行为的憎恶。

看过我另一篇文章《我和小叶的心理诊疗故事》的大家应该知道小叶是怎样的孩子，能让她来学校已经实属不易，还要让她站上讲台，这简直是不可能的事情，但我做足了工作，打算用小叶的行为激励她自己，也鼓舞所有班级里可能在遭受不公平对待却不敢发声的同学。

这其中就包括找那个造谣男同学的好朋友谈话，鼓励他站出来揭露造谣者的可恶，本就觉得造谣者的行为不好但碍于友情不想言说的男生最后点点头，同意了我的建议。

于是，在我的铺垫下，小叶站上了讲台，像个女战士，很小声却无比坚定地说："我请假只是因为我生病了，我需要治疗，你不了解真相，胡乱开玩笑的样子真得很可恶！这位造谣的同学，我觉得你欠我一个道歉！"造谣者的好朋友这时候也站上了讲台，"我支持小叶同学，我也觉得这种行为不够男人，希望你能站出来给小叶道歉！也希望班级里以后再也不要出现类似的造谣行为了！"

那节课一下课，那个造谣的男同学就主动找小叶道了歉，还写了道歉信郑重其事地递给了她，也正是这件事儿的解决让小叶同学改变特别大，从此之后更加积极主动地参加到班级活动中来，有了问题也第一时间寻求解决方案，再不像之前那样消极。

除了勇敢说出自己不喜欢的事情外，还有传递友情与爱的感谢发言，期中期末前的挑战宣言等等……我创造了很多的机会，让站上这个讲台的同学越来越多,星火班也形成了一个不成文的规矩,只要站上讲台敢于表达自己的想法,全班便要报以掌声。

这样做的结果是,我们班级的同学越来越敢于表达,课堂上的研讨越来越激烈,思维也越来越活跃……

又是一节公开课,面对几百人的大场面,学生们积极踊跃地举手,沉着冷静地发言,上台展示也是镇定自若,毫不怯场。来参观的老师都在连声称赞学生的素质,这次的我终于可以挺直腰板儿,骄傲地说一句:"这我学生!"

第六节　3.7女神节
——一场别开生面的特质拍卖会

忙了一天回到办公室在桌子上发现了一张小纸条:"哎,你觉不觉得咱们班的B同学长得很普通啊,真不知道怎么那么多男生喜欢她。""也没有特别丑吧,就还好。""那你觉得咱们班谁最好看?""我觉得你就不错。"我的脑子轰得炸开,这是又要处理早恋问题了?看了眼手机上任课老师给我的留言,原来是两个女生传的纸条,先是松了口气,后来琢磨了一阵儿,我说怎么最近好几个女生都剪了所谓的龙须刘海儿说是显脸小,没收的琉璃手串、小镜子、小梳子数量也开始增多,最近这个女生比美的风气在班级里确实有点高频发生,刚好借着这个事儿,我们也来组织一场"选美大赛"吧。

公布要进行"选美大赛"的时候,班级里的女生都害羞地低下了头,而男生们全都笑了起来,我也笑了,"这次就先不给咱们班的男孩子们机会了,因为这个周末是3.7女神节,所以本周的班会我们开的是女生主题的,但我要求大家作为旁观者参与进来,给予全体女生尊重,也需要大家及时提供意见和建议。"H同学非常捧场,"没问题!必须大力支持!就是您记得后面也给男生们搞一个'选帅大赛'!"班里的男生又是一阵爆笑,这句话也一定程度上缓解了女生们的尴尬,我一看时机到了,便开始了我们本次的主题班会。

"大家听说过拍卖吗?"

"听说过! 就是有很多展品,展出时会有人报价,价高者得。"

"在开始'选美'之前,咱们也来一场美好特质拍卖会!"说着,我在大屏幕上放出了这次拍卖会的规则:

1. 每人10000元(精力币)参拍,代表一生的时间、精力。不可借贷。精力币一旦用完,视为生命结束,不再参与竞拍;

2. 老师说"开拍"后拍卖正式开始,举手的同时叫价。同时同价的,"剪刀石头布"对决。底价1000元,每次加价是100的整数倍,价高者得;

3. 未参与者或竞拍未得者,视为此生不再拥有;

4. 拍卖随时可能停止,一旦停止就意味着生命结束。

学生们阅读着屏幕上的文字,仿佛真得来到了拍卖会的现场一般严肃认真。

"不过我们不同于一般的拍卖会,所有的特质我会先展示给大家。"说着,我把关于女生所有的美好特质都展示在了屏幕上——漂亮、宽容、优雅、有才、自信、有气质、乐观、善解人意、可爱、通情达理、独立、活泼开朗、孝顺、会做家务、善良、温柔体贴。

这个时候女生们开始掰着手指头盘算自己手中的精力币要主攻哪些特质,男生也不闲着,规则一栏中写着需要他们选择出最看重的女生特质,并排出先后顺序。

3分钟后,我开始喊话"第一件展品为'漂亮',开拍!"话音刚落,"1000!"的声音在教室里此起彼伏地响起,只有一个女生喊了"10000",于是"漂亮"被她成功拍下,但这也同时意味着她的"生命"结束,不再参与后面特质的竞拍,不过看她的表情,仿佛有了"漂亮",就拥有了一切。

没等学生们反应过来,我接着喊到:"第二件展品为'善解人意',开拍!"也可能是还沉浸在没有拍下"漂亮"特质的失落中,大部分女生对这个特质并没有动作,有两个女生喊出了"2000",在剪子包袱锤环节中小D同学成功把该特质拍下。

后面又对"善良""宽容""孝顺""独立"等美好特质进行了拍卖,还有同学在等待"可爱"这个描述外表的特质出现,迟迟不报价的时候,我突然结束了拍卖会。

在一众女生叫苦连天的吆喝中,我恭喜了成功拍得特质的几位同学,并对她们进行了提问,"你为什么要买这种特质?它对你来说有什么重要的意义?"

拍下"漂亮"的同学说:"爱美之心人皆有之。"

拍下"善解人意"的同学说:"张老师您说的懂得'换位思考''理解他人'是一件特别重要的事儿!"

拍下"善良"的同学说:"那些影视剧里的恶毒女配即便再漂亮,男主角也不会喜欢她们,是因为她们没有主角善良。"

拍下"宽容"的同学说:"我不小心喊出来的1000,结果就中了,我也没想过拍这个特质。"

拍下"孝顺"的同学说:"百善孝为先,没有人会不喜欢'孝顺'的人吧!"

拍下"独立"的同学说:"不要做攀援的凌霄花,要做站成一棵树的木棉。"

又转而提问了颗粒无收的同学:"每次竞拍大家都会积极参与,但是每次都因为出价低而失败,为什么会出现这样的情况呢?"

"大约是我们觉得这个特质特别容易得到吧。"

"没有想到会有人比我们付出更多得到这个特质。"

提问环节结束后,我让班级的男生依次站起来念出他们排序特质的前三位,让所有人没想到的是,虽然也有男生提到了"漂亮"这个特质,但却没有一位男生把它放在第一位,最终,最高频的特质前三名最终花落"善解人意""独立",还有不小心被拍下的"宽容"。

我找了几个男生分享为什么会选择这三个特质,他们无不提到内在美的重要性,从那个耗巨资拍下"漂亮"的女生低下头去的一瞬间,从一位留着龙须刘海儿的女生偷偷用卡子把头发卡起来的一瞬间,从那些拍下美好内在特质的同学眼眸亮起的一瞬间,我就知道,有一些细微的变化在女孩子们中悄悄发生了。

拍卖会的最后,我从讲桌洞里掏出了给女生们准备的每人一支玫瑰花,并进行了总结:

"我亲爱的小姑娘们,漂亮固然重要,但是容颜易枯!岁月这把剃刀,将会无情地夺掉你曾经的荣华。但是大浪淘沙之后,你所留下的那些内核,才是你最为珍贵的东西。男生欣赏一个人：始于颜值，敬于才华，合于性格，久于善良，终于人品。

一个人从表到里，可以分为五个层次：外貌，能力，脾气，品格，品性。后面四个层次都是你所需要付出你的努力去修炼的东西，这些才是你要把精力投入大量投入的地方。

祝福我爱的你们，都能成为属于自己的'铿锵玫瑰'！"

拍卖会后，我复盘了整个问题的处理过程，在初二伊始，女同学们开始更加关注自己的形象、能力和价值，对自己的身体、外貌以及社交能力等方面产生更多的意识，且易受到同伴评价的影响。青春期的学生，简单的说教只会加剧她们内心想要反驳的想法，所以这场别开生面的特质拍卖会，其实就是变相借班级学生的口在活动中把我想说的话表述出来。

结果能维系多久我不知道，但在那场拍卖会从结束一直到初二结束，我们班再也没有出现过对女生外貌讨论的事件，班级里同学们的仪容仪表也回归了正常。

第七节　少年当如太阳
——记一次男生主题班会

有想要给全体男生开班会的想法是源于一场打架事件的处理，我们班的D同学和其他班同学打架，放学后我和另一位班主任约谈了双方家长，因为下雨路上堵车，那位同学的母亲来迟了30分钟，也许是觉得母亲的行为让他觉得尴尬，他居然动手推搡了一把母亲湿漉漉的头发。

当时我们都震惊了，但很快反应过来拦住了他，严厉批评他的时候他的母亲一直在为他求情，还说迟到是自己不对……连D同学都看不下去了，主动给阿姨递了张卫生纸。

问题很快处理完了，看着母亲追着孩子渐行渐远的背影，D同学的母亲转头和我说，"养这么一个男孩子，也不知道是福还是祸。"

男生的学习能力可以有强弱，但一定要尊重女性，善待女性，慎用武力，有责任，有担当。每个人从小在家庭中受到的教育不一样，父亲对待母亲的态度也不一样，所以，对他们的教育必不可少。所以，趁着女神节刚刚给女生们开完主题班会，第二天的妇女节又把给男生们的主题班会安排上了。

一、尊重女性

上课前，我对全体同学们进行了父母相处模式的调查：
1. 你们家爸爸和妈妈谁说了算。
2. 爸爸会帮助妈妈承担家里的家务吗？
3. 重要的纪念日、节日，爸爸会送妈妈礼物吗？
4. 爸爸会管你的学习吗？
5. 爸爸参加过你的家长会吗？

很开心，我们班大部分的爸爸们在这些问题上做的都很好，班里甚至还有孩子举手说，"父母是真爱，而我是意外！"引得全班爆笑。

下面的问题请男生举手回答：你觉得女生会喜欢什么样的男孩子？也请女生拿出纸笔在便签上写下答案，答案不唯一，遵循自己的内心就好。

刚开始，男生们还会扭捏推拖着不回答，但随着一个男生喊了一嗓子"Strong！"一阵爆笑之后，男生们开始排着列举答案。"有力量，能够保护女生""能好好说话，不大喊大叫""做事有分寸""不骂脏话""有礼貌，有耐心，还细心"男生们说的时候，女生们的嘴角不自觉扬起，还有的女生悄悄伸手给他们的答案点赞……可想而知，最后我们班公布女生答案的时候几乎和男生们说的完全重合。

于是我在黑板上写了两个字——暖男。

这里的"暖"是指言行举止都能让人感到温暖。

每个男生都有自己的性格，有人活泼率真，有人内向沉稳，有人多愁善感，但不管怎样，衡量一个男生是否担得起"暖男"二字，先要看他能否做到尊重女性，照顾好身边的女士。

接着，我播放了《觉醒年代》中的视频片段：新文化运动旗手胡适先生的妻子因为裹小脚羞于到众人面前去，陈独秀先生和蔡元培先生为其开路，让胡适先生挽着夫人的胳膊一同前行，面对众人的议论，李大钊先生带头鼓起了掌，渐渐地，掌声盖过了议论声，这个裹小脚的羞涩女人也大胆自信地迈出了新时代的步伐；学生们因为抗争被捕入狱，女生们内急，男生们便自动站在女生们的身后，站成一面人墙为其遮挡守卫，整个过程无一人回头；郭心刚的女友白兰在船上被官兵欺辱，先生们勇敢地站出来痛斥这一行为并义正言辞地要求官兵道歉……2分钟的视频看得学生们热泪盈眶，并自发地鼓起了掌。

我便适时向男生们提出问题，"大家觉得咱们班有哪些行为是不尊重女性的？"

"有的同学会嘲笑女生长相。"

"会有议论女生身材，开黄腔的行为。"

"和女生勾肩搭背，不管女生是否愿意。"

……

女生们频频点头称是，但也有女生会有不同观点，例如有同学提到"凡事都让女生冲在前。"，班长R便起身回应，"我们女生也是很优秀的好吗，谁有本事谁就干呗，我不认为这是对女生的不尊重。"她的发言也获得了全班同学的点赞。当然，也会有男生质疑女生们有会反过来嘲笑男生的行为，女生们也诚挚地表达了歉意，并作出了保证……

最终，我们总结到：在尊重女生的角度，男同学们要平等看待女生们的能力，互帮互助，共建美好集体；男生女生不相互嘲笑彼此，也要懂得一定的社交距离，不随意上手；面对外班同学对班级女生有不良行为时要坚决制止并要求道歉，坚决保护好班级女生的权益。

二、慎用武力

男生和女生最大的区别就在于多了一身力气，但这身力气并不一定能带来好的结果。

我在征求D同学的同意后，用文字展示了昨天他和外班同学打架的过程：

两人本是好朋友，在走廊外聊着天，外班同学想周末先打篮球再写作业，D同学想先写作业再打篮球，两人谁也不肯让步，外班同学便用D同学是男生还害怕写不完作业被妈妈训真丢人之类的话羞辱他，持续输出的脏话下，D同学再也控制不住自己的拳头，照着对方的头就抡了过去，两人很快就扭打在一起……

看得底下的学生不管男女都直为D同学鸣不平，"他先骂人的，这种人，就该揍！""要是我，打得更狠！"

在同学们情绪稳定下来后，我问他们，"是不是觉得在这件事的处理上，抡起拳头的D同学帅极了？"

学生们被我冷不丁一问也懵了，只有几个学生弱弱地点点头。

那么，同样是受到羞辱，没有选择动手的他们又是怎样的呢？

说着，我又给他们播放了《觉醒年代》中陈氏兄弟在震旦学院摆摊卖《新青年》勤工俭学赚学费的时候，被女学生白灵用钱羞辱，不卑不亢地和其据理力争，甚至在白灵把他们谋生的家伙事儿扔到校外，全体同学都在看他们笑话的时候，他们依旧坚定地选择在震旦学院的门口继续摆摊，用坚持证明自己的行动没有问题，后面又阴差阳错地捡到了白灵父亲的钱包并物归原主，断然不肯不接受老先生的谢礼，致使白灵发现了自己的偏见，想向他们道歉时，他们却笑着离开了。

打架并不是解决问题的唯一手段，最厉害的人会用冷静的情绪和语言化解矛盾。如果这件事你真得做的没错，但是对方蛮横无理，那只是在激化情绪，让你做傻事，我们只需要沉着冷静，学会摆事实讲道理，一遍遍重申我们的观点，争取身边人的认可和支持，用群体力量造势，让他自觉理亏，放弃胡搅蛮缠。记住，只要你先用到了拳头，所有的事情都会朝着不可控的方向发展，原本倾向你这一边的道理也没有什么用了。

学生们点点头，有的男生看向自己的拳头，那老师，我们这一身的力气，应该用在哪里呢？

三、做个有责任担当的男子汉

这个问题其实很好回答，于是我让学生们进行了交流研讨，讨论出的结果有很多，例如"保家卫国""帮老师搬东西""做对社会有帮助的公益活动"等等，男生们对此表示同意，但对一个答案却有反对的声音——"干家务"，理由是谁都可以完成，并不能体现男生的力量。

为了回应他们的想法，我打开网络，搜索了一段视频：一个12岁女孩站在天台上，当着同学老师的面，大声质问自己的妈妈："你总是教育我，女孩子就要多做家务，所以家里的家务都是我来做。我只是想休息一下，你就非常生气：'你以后嫁人了，难道还让你老公来帮你做家务吗？'我就想问问，我老公,为什么就不能帮我做呢?"

刚说完,底下一阵欢呼,包括很多男孩。

对啊,为什么男人就不用做家务?

"可是我的爸爸也不做家务啊。"有个男生小声地嘟囔。

你以后也要为人父母,有一天你去看望女儿,你以为她过得很好,去了却发现,女儿在家忙得一塌糊涂,一刻都没闲着,女婿则在一旁悠闲地打着手机游戏。而你再心痛也没资格去指责女婿,因为你年轻时也和女婿一样,从不做家务,当甩手掌柜。

你总说学习累,可现在的家庭,父母都要出门上班赚钱,回家的时候,母亲却还要再承担家务劳动,这就是男士们的"责任"与"担当"吗?

班会课的最后,我总结道:少年当如太阳,照亮四方,胸中有国家大义,也能装得下家中琐碎,与星火班的全体男同志们共勉!

在后来学生写给我的信中有很多提及这次班会的,最令我感动的是一名男生讲到他在面对特别容易陷入自责情绪哭泣的妈妈时一直不知道怎么办才好,在班会课后突然有了点子,游说爸爸一起为妈妈承担起了全部的家务劳动,在父子俩的悉心关怀下,妈妈的问题开始慢慢好转了,脸上的笑容也越来越多……

我由衷地为他,为他的家庭开心!

第八节　纸飞机行动
——一次考试前的解压活动

如果要问初中阶段学生压力最大的年级是哪个,有很多人首先会想到的就是中考年级,但其实,这个问题的答案应该是——每个年级。

中考年级学生的压力主要体现在期望压力和任务要求压力上,他们面临着升学考试,教师和学校对中考生的期望和要求要远远高于初一和初二学生。这种过高的期望,会导致面临升学的学生产生更大的压力和不安;而中间年级的学生则会面临"心理断乳期"和学习严重分化的双重压力，他们的身体逐渐成熟，自我意识开始觉醒，但自我管理、掌控能力还是比较弱，很容易言行失控，很多父母不重视、不理解，不能体察和适应这种改变，面对成绩下滑的原有学科和难以跟上的有难度的理化学科，他们还是采用"高压政策"打压，促使了这一时期很多学生的抑郁、逆反、躁狂等不良心理状态的发作；初一年级的学生面对的则是适应性压力，有的学生能很快适应初中的学习节奏，平衡好学习和课余生活，对初中学习生活充满期待；有的学生由于学习任务突然增多、学习难度增大等而一直无法适应，产生了较大的学习压力，引发了抑郁、焦虑等情绪。

因此，要引导学生以积极健康的心理看待生活中各种压力，科学地分析压力产生的问题，找出问题的症结所在，然后借助身边力量，主动寻求问题的解决，释放压力。

为了切实帮助到我的学生排解压力，我也做了一些主题活动尝试，这其中，收效最大的便是初一下学期期末后进行的"纸飞机行动"。

安排这次活动是在班级刚考完期末考试，学生马上要进入初二阶段，在学习的高压下学生们略显疲惫，下滑的成绩和父母的不理解已经让部分学生逐渐丧失了入校时的自信和动力，甚至有的学生已经出现了各种不同类型的心理问题，干预刻不容缓！

纸飞机，我们看到这个词的时候往往会联想到我们的童年，联想到全力震动臂膀扔出纸飞机那一瞬间的快乐，联想到看着纸飞机在空中飞着幻想那是自由的自己时的满足……

扔纸飞机本身就是一种释压方式，我又通过一定的方式，叠加了同龄人对问题的解决，进而促使学生缓解压力。

下面介绍一下"纸飞机行动"的活动流程：

首先我准备了52张彩纸，分发到学生手里，让学生们每个人在纸上写出导致自己压力大的两件事儿，询问其他同学对这件事儿的看法。

班级同学都写好后，便引导孩子们站起来，倒数三二一，把纸飞机丢向空中。起飞之后，同学们捡起地上距离最近的纸飞机，对其他同学的问题进行回复。我和孩子们约定要化身真心朋友，认真对待每个同学提出的问题，每次回复的时间大约控制在4分钟左右。

这个步骤完成后，继续重复之前的起飞操作。一节课时间，纸飞机一共流浪了四次，为了避免出现飞机被同一个人捡到，我们把抛出方向设定为东南西北各一次。

所有流浪结束后，让同学把最后一次流浪的飞机捡到之后，展开交给我，由我来负责装订汇总，整理出两本《星火班初一成长烦恼集》，这样同学们可以翻阅之前自己提问的问题，其他同学的回复，也可以继续给其他同学回复。

考后的两天时间里，孩子们甚至把新出的星火周报丢在一旁，每个人认真传阅这两本《烦恼集》，学期末的家长会上，我也把两本《烦恼集》上的典型问题和孩子们提供的解决方案跟家长们进行了展示。

展示几个孩子们用心的问题及回答：

问题1：每天早上我爸妈叫我起床都是只有一句话，"快起床，上学要迟到了！"久而久之，我一听到"上学"这两个字，就有一种窒息感，我感觉自己快要厌学了，我不知道该如何跟我爸妈说起这件事儿，怕他们说我矫情，我该怎么办啊？

回答1：亲爱的同学，我可太能理解你了！我爸妈早上叫我起床的方式是扫地，我也不知道为啥我的卧室门门板底下永远有垃圾，我妈扫地也永远会用扫帚戳到我的卧室门，好像不把我吵醒，卧室门底下的垃圾永远扫不起来，我就对这个扫地的声音非常敏感，只要扫地的声音响着，哪怕再小，我都能捕捉到，一听到这个声音我的太阳穴就会突突地疼，后面我跟我妈说了这件事儿，希望她能换个时间打扫卫生，代价就是我自己定闹钟起床。你猜结果怎么着，哈哈！我果然不再抗拒扫帚的声音了！所以，你不是"厌学"，你厌恶的只是你爸爸妈妈叫你起床的方式，你不妨大胆一些，和爸爸妈妈说出你的问题，当然代价肯定是自己定闹钟按时起床，但如果你做到了，这个问题就不是问题啦！加油！

问题2：我好像对班级里的一个男同学产生了好感，这种感情让我产生了困扰，我上课会不自觉把目光放到他的身上，见不到他我就会有点失落，我也不知道我是不是生病了。

回答2：哇，同学，你胆子太大了在这里问这些！不过我也很佩服你敢于表达自己的情感，我觉得会对优秀同学产生感情这件事儿没啥问题吧，毕竟生物老师说人天生就会去追求美好事物，这是天性，怎么会是病呢。但我觉得就像张老师说的，你喜欢的可能是他身上的美好特质，而不是具备美好特质的这个人。就像我也很喜欢你的勇敢，我要向你学习，大胆表达自己的想法，所以你也可以学习他身上你有好感的那些特质，让自己更加优秀，终有一天和他比肩，让他来喜欢你！

问题3：我有点不喜欢咱们班的一位老师，因为她讲的课太枯燥老让我提不起兴趣，我知道不应该这样，但我不知道该怎么办，亲爱的同学，大家能帮我想想办法吗？

回答3：哦，我大约知道你说的是哪位老师了，不过相反，我觉得她倒是有种处变不惊的魅力，咱现在也不是小学了，小学老师会手把手教，各种督促你学，上了初中，还是得提前预习，上课认真听，课后写作业去钻研。

老师们每晚都会认真备课，你不能因为爱上某些老师会讲笑话就不爱其他老师了，这是不对的，每一个科任老师都值得我们去爱，你说对吗，我们先自己认真地去学，去适应老师的上课方式，不会的就去问老师问同学，当你把这个学科学通了，我觉得你肯定就喜欢这个老师了！

每一架飞机我都有认真阅读过，同学们都在很用心地回复别人的问题，有的甚至还写到了自己的案例来给别人以宽慰，我想，他们一定能通过有温度的文字感受到同学们赋予的精神力量，释放一定的压力。

有些老师也会有自己的顾虑，怕学生看到一些还没有遇到的压力问题会不会对自己产生一些不好的影响，这个答案是肯定的，但现今网络远比我们想象的更发达，这些问题他们总会有途径获取了解，所以，我们不要逃避让学生们遇到问题，只要学生们有积极解决问题的态度和行动，就足够了。

还有的老师会觉得匿名这种形式虽然能问出我们日常问不出的话，但如果发现严重问题也不方便对号找人，针对性地施加干预。其实，我在匿名给每个同学发放彩色纸的时候，纸张的背面都用铅笔写了序号，每个序号对应了一个学生，在翻阅《成长集》发现孩子们的答案无法对学生问题有所帮助时，我就会通过和学生谈话、家访、组织活动等方式进行干预。

解压纸飞机只是一个压力释放的载体，对学生心理问题的探索，寻求恰当的活动帮助学生解决心理问题这件事儿，却是我们一定要坚持去做的。

第九节　学困生转化
——我和"四大金刚"的故事

整理办公室抽屉的时候,翻出来了一沓厚厚的检讨书,饶有兴致地翻了起来,思绪也不禁被拉回了初一……

记得初一的时候,一位老师怒气冲冲地进了办公室,把手中的课本重重地摔下,强忍住心中的怒火,对着我和我们班另一位任课老师说到:"你们都是咋对待章同学的啊,这家伙天天上课睡觉,你不叫醒他他在那里趴着影响其他同学,你叫醒他他就调皮捣蛋折腾的周边同学都学不好……"另一位任课老师深有同感,也转过身来对我说:"对啊张老师,再加上他那三个'小跟班儿',一下课就凑一堆儿,不干好事儿!咱班级这么多好孩子,哪经得起他们这么折腾……"

这样控诉的场景每隔几天就会在办公室上演,两位任课老师说的这位章同学和他的三个"小跟班儿"就是我们班最出名的学困生团体,老师们不喜欢,同学们不待见,家长们不作为等外界因素让他们四个结下了非常紧密的友谊,因为经常凑在一起调皮捣蛋大显神通而被班委会命名为"四大金刚"。

相处的两年时间里,我和他们四人之间打的交道比班级其他学生加起来的次数都要多,那段曲折动人的故事里,有过泪水,有过无奈,但更多的是逐渐发生改变的他们给我带来的一丝宽慰:初二地理会考出成绩的那天,他们四个兴奋地听说了自己及格的消息,甚至他们之中还有两位成绩能够达到A等级;学校承接自学考试,结束的当晚我在群里发布了一条征集离家近的学生到校协助摆桌子撤挡布的信息,消息发出去没30秒,章同学就私信我,"老师,消息您撤回吧,我们四个马上到!以后再有这种事儿,直接叫我们来就行。";班长在班会课上组织同学们进行"班级贡献奖"的投票,他们四位因为乐于助人,团结同学得以高票入选……

从不被待见的学困生,到努力的进步典型,他们四人的转化之路满是荆棘，但好在结局不错，希望我和他们的故事能带给艰难走在学困生转化之路上的大家一些信心和方法。

一、培养一条"鲶鱼"

"张老师，上节课'四大金刚'睡了仨！都打呼噜了！"我刚一进教室，班长Z和课代表就把我包围了，叽叽喳喳控诉他们的"罪行"，而"当事人"正满不在乎地凑在一起谈天说地，仿佛我们不存在一样，我问班长Z，"任课老师怎么说？""任课老师把他们叫到一起训了一顿，但您也看到了，他们四个压根儿没当回事儿。"

我的头脑飞速运转起来，是的，每次处理问题都是针对四个人的批评，在这个过程中四个人一起承受来自老师、家长、同学施加的压力，事后一起挨罚，这种"逆境"下，更容易"团结"一致，导致工作无法开展，所以对于他们的问题处理不能强攻，而是要以点带面，各个击破！

思忖再三，我决定从他们中选择一个人，将其培养成一条"鲶鱼"，搅活另外三人的学习欲望。

挪威人喜欢吃沙丁鱼，尤其是活鱼，市场上活鱼的价格要比死鱼高许多，所以渔民总是千方百计想办法带活沙丁鱼回港。虽经种种努力，可大部分沙丁鱼还是会在中途窒息而死。后来，有人在装沙丁鱼的鱼槽里放进了一条以沙丁鱼为主要食物的鲶鱼，沙丁鱼见了鲶鱼四处躲避，这样一来缺氧的问题得到解决，大多数活蹦乱跳地回到了渔港，这便是著名的"鲶鱼效应"理论。

最终，在和任课老师们的研讨下，我们选择了"四大金刚"中最容易被边缘化的学生程同学，虽然他的成绩在另一位同学小苏的后面，但他上课能遵守纪律，坚持把课听完，"睡觉事件"中他也是唯一没有参与的那个，他的家长也比较负责，对他的要求较高，老师每次提的要求都能严格落实，而导致他学习困难的原因在于他的自我效能感低，总是缺乏成功的情感体验让他慢慢丧失了学习的积极性和兴趣，每天也只是机械地听讲，课间因为自卑他无法融入和其他同学的交流，只有和"四大金刚"里的另三位同学在一起谈天说地，才会让他觉得自信和有被需要的感觉。

约谈程同学的时候，我留心观察了一下他的表现，在脱离另外三个人之后他竟然变得拘谨小心，甚至有些垂头丧气。于是我拍拍他的肩膀，示意他抬起头看着我的眼睛，然后我把我的想法告诉了他，"老师最近有时间，也有精力，想在班级里选一名最有潜力的同学好好培养，争取在下次考试的时候有一个大幅度的飞跃！"

程同学瞪大了眼睛，"老师您没有在开玩笑？是我吗，可是有很多人比我更有潜力啊，我啥都学不会，都已经放弃自己了！"

我笑着回应他，"对啊，你看你都放弃自己了，还能坚持听课，坚持完成作业，这是多么强大的意志品质啊！所以你只需要相信自己，并积极主动地学，我也参与进来帮助你，你肯定能进步！而且你不用担心我的选择，这不是我一个人的决定，这是咱们班所有任课老师的选择。"程同学求证的眼神落在了历史老师身上，"你班主任让我们举手表决，我们7个老师都选的你！"历史老师马上证实了我说的话，程同学的眼睛里亮亮的。

我接着说，"但是，忙肯定不白帮，你成绩要是有大幅度进步，我想请你上台进行一个分享。"程同学笑了，"原来张老师在这儿等着呢，我就说天下没有白吃的午餐，行，如果我总分提升100分，我一定上台分享！""行！还有这是个秘密提升计划，你不能告诉任何人我找过你，要不他们该说我偏心了。""没问题！"一来一往间，程同学原本紧张的心放松了下来，得到老师肯定的他居然第一次独自一人昂着头回了教室。

那一个月，我在协调组群里和所有老师做了要求，协助我一同帮扶程同学，整体政策为：简单问题多提问他，肯定他，培植自信，同时加强课间辅导补弱；并去程同学的家中进行了家访，和他的妈妈沟通了孩子的教育问题，希望她能客观看待孩子的成绩，降低对孩子现阶段的要求，多肯定，少批评，让他愿意学，主动学；而我，则隔三岔五地跑去问其他老师程同学的表现，找准机会就给他递上一个大拇指。

他也乐此不疲地来跟我汇报，最弱势的英语单词听写从原本的0分到现在能有20分入账再到后来能勉强及格，语文早读老师布置的背诵任务他提前半个点儿来加班儿终于在前十名检查过关，给小组赚了考核分……有次地理课上我问了一个比较难的问题，班里没人举手，想了一会儿，他在全班同学的惊呼中站起来，答出了问题的正确答案，用词规范，有理有据，班级里也自发地响起了掌声。

程同学的改变怎么会不引起"四大金刚"的疑惑呢，虽然他们课间还在一起玩，但明显氛围开始发生了变化，率先忍不住找到我的是苏同学，因为他察觉到自己在四个人中成绩第一的位置有些危险，他在办公室里扭捏了半天，在我着急要走的时候，他连忙说："老师，您能不能带我一个，我觉得您和老师们都在帮程同学，我也想和他公平竞争。"这句话一出，苏同学的脸瞬间涨红了，办公室其他的老师都忍不住笑了出来，这一刻，我知道我的计策开始显露效果了……

二、和章同学谈"钱"说"职业"

"快上线，你们班班级群有骗子！"夜里十一点，我被生物老师的一通电话吵醒，赶忙登上企业微信一看，骗子用我的头像在群里发布收书本费的消息，即便生物老师及时发现在群里发了句"骗子"，但还是有几个家长转了钱，被骗的金额大约有快两千块钱。

引导家长们留了证据，进行报警处理后，我开始排着往前翻聊天记录，发现这个骗子居然是章同学拖进来的。

第二天，我一进教室，就看到章同学像个泄了气的皮球一般坐在座位上，几个转钱家长的孩子正围着他要钱。我请走了几个学生，把章同学叫到办公室，问清了事情的来龙去脉：原来这个骗子是他打游戏结识的一位"网友"，"吃鸡"技术了得，听说还是年纪轻轻就辍学打工，靠打游戏赚钱已经有了自己的房子、车子，这可把章同学羡慕的不得了，就差辍学跟着"大神"去混了，章同学每晚回家都以第一时间上线跟着这位游戏"大神"来两局，带章同学打了一段时间游戏后，"大神"说想念学校生活，想再看看群里老师发的消息怀念一下青春，如果章同学能做到自己就把打游戏致富的秘诀告诉他，于是章同学便头脑发热做了拉他进群的决定。

发现被骗的当晚，章同学发现自己被"大神"拉黑了，看着群里狂轰滥炸的信息，他吓得躲进了被子里，缩在墙角不敢看手机，说到这里，章同学有些委屈，"我现在知道他为什么能靠打游戏发家致富了，纯靠骗啊！"

现在的他，全然没有了"四大金刚"领头羊的锐气，跟其他犯了错的孩子没什么两样，这恰恰是我开展教育工作最好的时候！于是，我在脑海中过电影般地回忆了章同学的基本情况——导致他产生"学困"现象的原因在于父母的不作为和自己的不适应，让他时常会觉得自己非常没用，甚至和"四大金刚"里的另外三人说，想混完初二辍学去打工，赚大钱让周围人认可自己。

想到这里，既然他想赚钱，那我就以这被骗的"两千元"作为切入口，陪他谈"钱"说"职业"。

我先是问了章同学如果年龄够了他想尝试的职业，他倒是实在，说如果以自己初中没毕业的文化程度，想尝试的职业也就局限在那么几个上，思考片刻后他在纸上写下了"外卖骑手"四个字，原因是骑手可以骑车，他享受那种风驰电掣的感觉。

我问他觉得靠送外卖，多久能赚够家长们被骗的两千元？

他掰着手指头算着，"平台上不是都说送外卖赚钱吗？按照5块钱一单来算，一天我送二十单的话，20天绝对搞定了！"

不得不说，现在为了博取流量，短视频、网站上的骗局总把所有职业好的一面写出来，不好的一面藏起来不说，让刷到的学生们误以为分数无用，学习无用，继而产生厌学情绪，导致大量学困生的出现。

于是我拨通了某外卖平台的电话，开着免提咨询了外卖行业的真实入职待遇：

以一个月为例子，基础工资1000，提成按配送量加，每月送300~500单按三块钱一单算；500单以上按五块钱一单算。首次入职需要自费购买头盔、衣服、配送箱，共计200元，从首月工资扣；必须租借平台的电车，租车车架每月200，换电瓶每月300，这700元需要从首月的基础工资里扣，新手保护期只有7天，7天里平台的派单量会向你倾斜，虽然你不熟悉路况会送的比较慢，但一天20~30单不是问题，过了保护期你就要和其他骑手公平竞争了，一天最少也能骑个20几单……

客服小姐姐说，章同学边在纸上算着，1000−700+（20×7+20×20）×5=3000。这是个他不太能接受的数字，还钱是够了，但距离他说的赚大钱还差很远。客服小姐姐那边还在说着：如果饭菜撒了如果顾客有意见你需要自掏腰包给顾客补上，而且一定要有礼貌地表达歉意，否则顾客要是给你一个差评平台要从你的工资里倒扣50元……章同学明显已经听不进去了，以他的性格张嘴都困难，更别提给顾客道歉了。

挂断电话后，章同学问了我一个问题，"如果好好学习，上高中，上大学，在找工作这件事儿上会有什么不同吗？"

于是那节课，我们俩坐在办公室里，翻了烟台市的各大招聘网站，最后发现并得出结论——一般工作强度会比较低，收入也会更高一些的职业只有两个招聘选择,要么高学历,要么高技术。

"想赚大钱,要么靠动脑筋,要么靠技术活,体力脑力做到极致,都能有一份不错的待遇。所以,初中阶段你要打好基础,再往后考得好就去高中继续学知识,考得不好也是去高职学技术,都要用功用心,只要你做出改变并付诸努力,老师相信没有你赚不到的钱!"我把写着计算各种职业的工资清单交到他的手里,轻轻拍了拍他的肩膀。

那次之后,章同学虽然还是在学习上非常吃力,但他在很多事情上都变得主动且积极,他主动报名了学校的公物维修校课,同学们的桌椅出现问题他都能第一时间帮忙修好,那天他来办公室找我,顺手就把卫生角断裂的扫帚把用一旁捆书的麻绳缠好了,我笑着说:"我听说了你的事迹,你这是打算开个物品维修手工班?""也不是不行,毕竟这也是门技术活儿!"我俩相视一笑。

大部分学困生会在内在和外界因素共同作用下对学习产生畏惧、抵触等情绪,因而对他们的教育需要因材施教,但又不能区别对待,最好的方式是在我们进行集体教育时,为他们留一个窗口,适时引导、适当鼓励,帮助他们重拾信心、看到希望,从而充满前进的动力,那么奇迹,就一定会发生!

我和"四大金刚"的故事就写到这里了,希望你们和学困生之间的故事也能拥有一个好的结局。

第十节　开一次全是爸爸参加的家长会

星火班成立的第一个家长会,我在群里下发的邀请函中写到:"咱的孩子长大了,有了更多的想法,除了妈妈的陪伴,也需要爸爸的更多的支持和教育,所以除特殊情况外,这次家长会建议全体爸爸参加。"

之所以有这样的想法,源于我在家长会之前的一次碰壁,班级里的学生F体育课不小心摔了一跟头,膝盖摔得皮开肉绽,需要去医院缝针,结果F试了好几个号码都没有人接,我问她都打完一遍了?她才非常不情愿地拨通了父亲的电话，一面又耷拉着脸说打给父亲肯定没用，还得把自己训一顿，结果电话那边果然传来叹气的声音，"张老师，这孩子真不省心，给您添麻烦了，我工作忙，孩子的事儿都她妈负责，辛苦您联系一下她妈好吧！辛苦您啦。"听着电话那边挂断后"嘟嘟"的声音，F同学像是司空见惯的样子，更让人心疼。

后来，我在班会上调查了学生对自己父母在自己学习生活上的参与度，有八成的学生反馈父亲的参与度是不够的，不仅如此，还有学生写到："我的爸爸不仅不管我的学习，还不让我妈妈管我。"这更让我坚定了要开而且要开好这次给全体父亲们的家长会。

于是，便有了这次得到全体妈妈点赞的家长会。

家长会开始前，能明显感受到爸爸们对第一次和初中老师见面的重视，这些男士们大多穿着正式，笔挺地坐在教室里，能看到他们给予老师们的尊重，但同时，也能看出有部分爸爸是从来没开过孩子的家长会，进来后坐立难安，一直在搓着手；还有的爸爸不耐烦地一遍遍看着表，回着手机里的工作信息……

家长会开始，我先是表达了对全体父亲配合到来的感激，为我，更是为孩子，为他们的家庭。接着抛出了假设："如果我是孩子，如果我犯了什么错误，大家来教育我，我一定乖乖照做，因为我觉得你们非常高大威猛，往那里一站，就有一种莫名的压迫感。"这句话把爸爸们都逗笑了。

接着，我播放了一段综艺节目《爸爸回来了》的视频片段，它以爸爸和孩子的相处为主线，由爸爸单独照顾孩子，如实呈现爸爸与孩子互动过程中发生的状况，参加节目的爸爸们大多长久在外地工作不能照顾孩子，所以虽然在妈妈走之前信誓旦旦地保证可以照顾好孩子，但在单独带娃的过程中还是闹出了非常多的笑话，有冲奶粉水温不够的，有给孩子洗澡把水洗到眼睛的，还有做饭遭到孩子厌弃的……这些爸爸们在观看的时候最初也是笑着观看的，而后就慢慢察觉到了我的用意安静了下来。

"对呀，我们的爸爸们是孩子最好的榜样！大家是很高大威猛，可当孩子真正犯错误的时候，冲在最前线教育孩子的却几乎都是那些身板瘦弱的妈妈们，那些当孩子高烧不退的时候，抱着孩子着急跑医院的身影还是妈妈们……我们的孩子，已经成长起来了，但有很多都是在缺失父爱的环境下成长起来的，过去的已然过去，现在正是孩子们成长的关键阶段，希望就从此刻开始，请大家找回我们作为父亲的责任，一同做好家庭教育工作！"

说到这里，在场的爸爸们都认真了起来，那些手机不离手的爸爸们也都放下了手机，挺直了腰板儿，翻开了笔记本……

一、总是"忙碌"的父亲

我在屏幕上呈现了两组数据：

第一组是学生们填写的关于父母的"居家时间"数据，有大约90%学生都选择了"我的爸爸妈妈都有工作，且白天上班，晚上在家。"的选项。

第二组"忙碌"数据则是体现了爸爸们回家后都在干什么，大约34%的学生选择了"爸爸回家后一直刷手机，或者看电视，妈妈说他他就说忙了一天要休息。"；35%的学生选择了"爸爸回家后喜欢刷手机，但当我提出要求的时候他也能够陪伴我，帮我提问、解答问题。"，这里面有几个孩子在备注栏写到："但我的爸爸总是不耐烦"；10%的学生选择了"爸爸回家后还拿着手机和电脑办公，应该是在忙工作。"；只有21%的学生选择了"爸爸回家后会帮妈妈做家务，陪妈妈逛街，也会拿出时间来主动参与陪伴我的学习。"

我放出了这21%的几位同学爸爸的名字，表扬了他们的做法，其他的爸爸给予了他们最热烈的掌声，这个环节之后我也向他们解释了这个调查所呈现出来的问题：当下大部分的家庭，爸爸即便是忙于工作，也是有陪孩子的时间的，但很多时候，仅仅只能做到在同一空间里"陪着"，并不是真正意义上的陪伴，这些爸爸充当着这个家庭中"隐形人"的角色，他们的活动最多的就是使用手机，或是处理工作，或是聊微信、看视频等，致使孩子并不能从这种"陪着"的过程里获得任何力量和帮助，相反还会产生和爸爸攀伴儿玩手机的想法。

我们"忙碌"的初衷都是为了让家人过上更好的生活，让孩子受到更好的教育，没有哪个爸爸不爱自己的孩子，但现在孩子家庭教育的缺失却又在呼唤我们，工作上的"忙碌"无法避免，但我们可以减少陪伴孩子过程中的假"忙碌"，多关注孩子在成长中的需求，做到真正的"高质量陪伴"！

那么，作为"忙碌"的爸爸，怎么利用有限的时间，和孩子妈妈分工合作，做好高质量的陪伴呢？

这就需要父亲明确自己在家庭中的角色和定位。

二、演好"父亲"的三个角色

（一）参与者——感受父爱

有人曾这样总结父亲的独特之处：父亲跟母亲是不同的，父亲更爱与孩子玩闹，对孩子的推动作用更大，对孩子的约束更多，教育子女时使用的语言更复杂，有利于孩子的社会化，为孩子走进现实世界做准备。

所以首先，父亲要先参与到孩子的成长过程中去，与孩子"玩闹"起来，比如，孩子喜欢体育，父亲可以和孩子一起参加体育活动；孩子喜欢阅读，父亲可以和孩子一起读一本书，聊聊书中的人物；孩子喜欢了解时事政治，父亲可以和孩子一起看报纸、新闻，讨论时事……在参与的过程中，要尽可能多一些互动，让孩子感受到父爱。

我在屏幕上呈现了深受海内外华人喜爱的教育家和国学大师南怀瑾先生的故事，在子女尤其是陪伴南怀瑾时间最长的儿子南一鹏眼中，很多时候，南怀瑾更像一位平易近人的朋友。父亲于他而言，是半夜起床带他去看医生的慈父，也是请他喝人生中第一杯咖啡的朋友；他会顶着烈日陪孩子参加高考，也会在南一鹏调皮捣蛋时"家法伺候"。南一鹏说，他这辈子最感恩的事情，是父亲从来没有缺席过他的成长，而且在那个几乎所有父亲都极其严苛甚至不近人情的年代，父亲对待他的方式尤其平和、平等。

结合这个案例，我总结到：爸爸们一定要扮演好孩子日常学习生活"参与者"的角色，让孩子感受到坚定的父爱，这也会促使孩子更有底气去进行一些新的尝试和挑战。

（二）引领者——发挥榜样示范作用

可以说，父亲的格局决定着孩子未来能够抵达的高度。父亲的爱，是孩子认识世界的价值取向；父亲的男子汉气概，是影响孩子性格形成的关键因素；父亲广阔的视野、丰富的知识，是孩子认知能力发展的重要源泉；父亲的言谈举止、举手投足，都会对孩子产生极大的影响。

这就可以解释，为什么一个父亲是受人景仰的老师，那么孩子大概率也会从事教育事业；父亲在家中打骂妻子，那么孩子大概率也会在婚后出现家暴倾向；父亲在家中经常爆粗口，那么孩子大概率也会出口成脏。

所以，父亲的"引领者"角色可以是正确示范，同样也可以是错误示范。

这里，我播放了两个视频片段，第一个视频是微博中比较火的一段监控影像，监控中的妈妈买了一个蛋糕，放在餐桌上后起身进厨房做饭了，想着干完家务活儿出来和家人们在晚饭上一起享用，结果在卧室里打了一下午游戏的老公出来后看到蛋糕就直接坐下吃了，还招呼在沙发上看电视的儿子一起，于是两人把蛋糕吃了个精光，妈妈从厨房走出来的时候爸爸还振振有词说考虑到到妈妈要减肥，所以才帮她吃掉了，儿子在旁边附和着，"妈妈要减肥了，太胖了！"这位妈妈什么也没有说，只是默默地用手指头沾沾剩下的蛋糕渣渣往嘴里一放，然后就开始抹起了眼泪……

第二个视频片段是爸爸每次都给妈妈规避一切的风险，例如在妈妈要坐下的时候用手扶一下桌角避免磕到腿，在妈妈往后退着步子拖地的时候，把后面的水桶提走……做这一切的时候，不满5岁的儿子就在一边默默地看着，安静地学着，有次妈妈坐下的时候，小家伙居然也学着爸爸的样子扶住了桌子角，爸爸妈妈都给他竖起了大拇指。

我和在场的爸爸们约定，在孩子们面前，要扮演好引领者的角色，好好爱孩子的妈妈，跟孩子妈妈好好讲话，孩子就会学会用同样的方法去对待妈妈，这样孩子尊重妈妈，听妈妈的话，后面处理学习上的问题就没有那么麻烦，甚至爸爸们无需登场，妈妈和孩子就把问题高效处理完了！大大减少了家庭的"战争"。

接着，我又展示了最近的一则新闻：在山东某小学的家长会上，一位差生父亲的高情商发言，引起了全场热烈的掌声。

"爸爸永远爱你"

"爸爸永远是你最坚强的后盾"

"我作为家长特别自豪"

"成绩差不代表人品差，分数低不代表能力低。成绩好就报效国家，成绩不好就承欢膝下。"

这位父亲用他的格局和行动向现场的儿子传递了一种正能量的价值观和教育理念，给予他足够的支持和鼓励，相信他一定会迎来美好的未来，我们完全有理由相信，这样的父亲培养出来的孩子一定不会差！

所以我和爸爸们做的第二个约定是：在日常生活中，当孩子遇到一些困难，面临一些挑战拿不定主意时，就需要父亲给出一些建议或指导，坚定地站在身后陪孩子解决问题，这也是父亲作为引领者应有的指引作用。

（三）成长者——在充电中成长

我曾经跟一名出差在外地的父亲聊过孩子出现的心理问题，无论我把这件事儿怎么严肃地强调，希望他能回来解决问题，他都觉得这是小事儿，"小孩子家家的，能有什么心理问题，不开心就晾着她好了！"，但在我的再三要求下，这位父亲还是回来了一趟把孩子接去检查，一查孩子已经是重度双相情感障碍了，需要长期靠吃药维持。

讲这个案例不是增加爸爸们的焦虑，而是为了让父亲意识到现代社会已经不是之前的社会了，试题在变难，考试科目在变多，学习压力在增加，有的试题甚至交给成年人做都做不对，所有的孩子都想进步，但进步越来越不容易。

因此，作为父亲，就需要顺应社会的发展，不断充电学习，提升自己的认知水平和教育能力，才能理解孩子在成长过程中出现的各个问题，懂得孩子的成长规律和身心发展特点。

只有这样，在自己在教育孩子的过程中，才能让自己远离之前经验的影响和不良情绪的干扰，可以心平气和地与孩子共同解决其在成长过程中出现的各种困惑和问题。

在这场开给父亲的家长会最后，我也同样肯定了妈妈们在孩子教育中的重要影响，二者相互补充、彼此促进——不管是大部分家庭呈现出来的"虎妈猫爸"的状态，即母亲的教育方式通常更强调规则和自律，而父亲的教育方式则更注重民主和沟通，还是"猫妈虎爸"状态，父母教育的出发点都是指向孩子向好发展的，希望爸爸和妈妈之间减少为孩子教育问题发生的争执，心平气和地沟通，做到互相之间的理解、包容，只要双方都能意识到参与孩子教育的重要性，并积极地投入行动，我们的孩子就是幸运的。

那次家长会后，班级群里、学校各项活动、家长会上出现了越来越多爸爸们的身影，那些之前给我发消息抱怨孩子管不了的焦虑妈妈们也在爸爸们对孩子学习、生活的参与陪伴下开始变得越来越积极，情绪越来越稳定，许多妈妈们跟我私信留言表扬了爸爸们的改变，也表达了对我的感谢……最让我欣喜的，是半年后我们班召开的一次主题班会上，做了一道你觉得你的爸爸是否称职的选择题，下面有诸如"爱你的妈妈""主动参与你的学习、生活""积极承担家中家务"等若干条标准，但班级里还是有70%的学生特别自豪地举手，说"我爸全中！"

第十一节　给父母一点"安全感"
——如何爱自己的父母主题班会

自习课上，所有学生正在安静地做着自己计划的任务，我在讲台上拿着花名册构思着课间谈话的人选和内容，视线从一个一个学生身上扫过去，和一个紧张的眼神撞了个满怀，多年的带班经验让我马上察觉到了异样，快步走到他的身边，果然从数学练习册的下面翻出了一张还未写完的贺卡。

一瞬间，这位同学的脸从脖子红到了耳根儿，他不好意思地说到，"前几天和我妈吵架，这不快到她生日了，想写个贺卡缓和一下关系……"

我收走了贺卡，让他下课来我办公室写，周围聚焦过来看热闹的目光大概是觉得没劲儿，便都散了，教室很快恢复了宁静与专注的氛围。

拿着没写完的贺卡，我陷入了深思。

这个写贺卡的男生不是别人，正是和我联系最频繁的家长的儿子宋同学，为什么说联系最频繁，因为宋同学太能闯祸了，在家里偷偷用妈妈的手机给自己的游戏账号充钱，妈妈第二天跑了全区好几家营业厅也没把钱追回来；在学校因为疯跑打闹把走廊的窗玻璃撞碎了，妈妈便从班上请假来学校量尺寸找人补玻璃；在回家的路上和同学发生口角把同学揍了，妈妈当晚便陪同对方上医院检查一直到深夜才回家……这样一个经常和父母大吵大闹，沉迷网络，无心学习的学生，送出这份形式主义的爱，又如何能弥补家人那颗破碎的心呢？

不只是宋同学，班级里的大部分学生都不知道应该如何爱自己的父母，他们片面地以为，一张贺卡叫爱；一句"空头支票"似的承诺叫爱；一朵15块钱零花钱购买的康乃馨叫爱……确实，大部分时候，父母不会计较子女送出的礼物，只要是子女的心意，他们都喜欢，这也是父母爱子的一种体现，只是在很多时候褪去这层形式主义表达的遮羞布，学生们并没有学会如何真正地爱自己的父母,他们会在父母的意见和自己相悖时对父母恶语相加,甚至发生冲突,拳脚相向,这也使得一些父母面对孩子青春期的一些行为无从下手,苦不堪言。

想到这里,我便决定要召开一场主题班会,希望借助教育的力量,让学生们学会真正地爱自己的父母。

一、选择对比引深思

班会伊始,我放出了一个命题:

假如你很爱一名女士(如果是女生则改为很爱一名男士,后续都是如此),因为她的长相特别完美,身材又好,一直以来和她走在一起你们都是人群中的焦点,这也让你感到非常骄傲和自豪,你们已经做好了相伴一生的准备,但突然有一天,她遭遇了车祸毁容了,身体也落了残疾,医生说有99%的可能她需要你照顾一辈子,你还会选择和她走完剩下的一生吗?

大多数学生们虽然持肯定意见,但几乎都是面目狰狞,咬牙切齿,似乎是迫于班级同学可能的舆论压力才非常不情愿地做出这个决定。

我接着放出第二个命题:

假如你很爱一名女士,因为她家境殷实,住的是别墅,家里有佣人、保镖,出行都有豪车接送,每个月甚至可以给你几万块的零花钱,但突然有一天,她的公司宣告破产,有巨额债务需要偿还,你的后半生有可能都要和她一起偿还债务,永远翻不了身,这个时候,你还会选择和她走完剩下的一生吗?

到这里学生们更加纠结了,思忖再三,最后只有寥寥数人举起了手……"四大金刚"里的章同学笑着说,"张老师就不盼我们点儿好!"这句话引发了学生们的强烈共鸣,对啊,为啥日子不能越过越好,非要到这么严重的境地,进行这么艰难的选择!

我也笑着回应他们,如果把情境中的"你"换成"父母"而他们爱的"男士""女士"便是他们的子女,那么这个选择其实一点也不难做,他们会毫不犹豫地选择"会"!

学生们面面相觑,这个身份转化后的结果令他们无法反驳。

"父母们对你们的预期固然很高,有的可能会给大家带来一定的压力,就像大家说的,日子嘛,都希望越过越好,有要求才会有动力。但同时,我们也有50%的几率面临失败的局面，这个时候为你无怨无悔拖底担责的，却还是那个被你嫌弃唠叨无知的父母！"

这番话后，学生们都低下了头去，他们的脸上，不知道流露出的是羞愧还是尴尬，无论是什么，和父母在选择上的对比还是让他们产生了一定的反思……

二、情境再现学会爱

"你真得会爱你的父母吗？"

"当然啦！"

"如果我说这个问题的关键词在于'会'上呢？"

……

大部分的同学都具备爱人和被爱的能力，但并不一定"会"爱，所以学生们用他们自己的理解去完成了很多次错误的尝试，而我把这些情景在家长们中进行了征集，将人物化名后呈现在了大屏幕上，带着学生们找问题，寻策略。

情境：当晚，同学甲某想一起完成三科作业后利用大块的休息时间陪最近一直加班的妈妈下楼做做运动放松一下身心，但正当甲某专心致志地做着第二科数学题的时候，门被推开了，妈妈探进脑袋问他作业写得怎么样了，甲某回应道："已经写第二科了。"妈妈却说，"每一科中间是不是应该休息一下啊？劳逸结合嘛！"甲某本来的解题思路被妈妈打断了，又没有耐心跟妈妈解释自己的想法，便将妈妈推出门去，然后越想越生气，觉得妈妈只会指手画脚，完全不理解自己，于是写完作业就一屁股坐到电脑桌前打起了游戏，面对妈妈的指责又爆发了激烈的争吵，可是明明最开始，甲某的出发点只是想陪妈妈出门散散心啊！

家长们反馈给我很多情境，而我选择的这个情境是最为常见的，可见在家里，学生们是有多抗拒父母问自己学习相关的事情。

把案例用文字的形式呈现在屏幕上的好处就在于，学生们会站在第三视角看问题，会把共情的外衣褪去，理性地分析该生做法中的错误点：1.该生没有和母亲在做作业前进行沟通让母亲了解自己的想法；2.面对母亲不理解的关心该生没有耐心去解释；3.该生在错误的情绪下，错误地理解了母亲的关心，赌气做出了错误的决定，引发了新一轮的争吵。

班长Z总结道:"这个场景之所以会产生,是因为甲某觉得父母应该体谅自己学习上的辛苦,尊重并信任自己在学习上做出的所有决定,但同样,如果甲某在学习上完全自律自觉,习惯优秀,成绩优秀,我想他一定能轻松拥有他想要的尊重和信任!"

可是,大部分同学的父母并没有学过教育学、心理学,他们读不懂你的想法,看不穿你脆弱的心灵,他们只是想在忙碌了一天之后好好关心一下眼前的子女,参与到你的学习生活中,你却让他们"闭嘴",如果换做是在恋爱中,你可以理解为你的女朋友经常会就某件事儿抱怨你,念叨你,和你吵得不可开交,你是有多么希望她能闭嘴给你自由和空间啊,但当她真得闭上嘴不提这件事儿了,并不是她"尊重"你,而是她对你"失望透顶"了,那么你们的关系距离破裂也就不远了。

他们会对你有要求,有监督,是因为你说到的事情一定有没做到的,让他们丢了那份"安全感",减掉了你的信任分。

所以,我们要学会给予父母一定的安全感,主动回应父母的关心问候,偶尔寻求他们的帮助让父母感觉自己被需要,说出去的事情尽可能做到位不要让父母担心,做一名"靠谱"的孩子,给父母有安全感的爱,这才是父母最需要的。

最后,我让学生们角色扮演进行了情境再现,在孩子们的演绎下,甲某在学习前和妈妈沟通了自己的想法,争得了妈妈的同意,在过程中妈妈按捺不住,推门关心:"要不,你还是休息一会儿再学吧。"甲某回头给了妈妈一个微笑,"没事儿妈,我不累,我自己会学着调节的,您快去歇着吧,我做完作业就出去陪您去!"然后,妈妈关上了房间门去客厅打扫卫生去了,甲某也很快完成了作业,娘俩手挽着手下楼散步去了……

演绎甲某的小演员凭借着自己对"靠谱"的理解和诠释,收获了大家的掌声和赞美,学生们也通过前后情境的鲜明对比明白了给予有安全感的爱对于父母的重要性。

最后,我们以小组为单位研讨了迁移到不同场景下,应该怎样给妈妈带来一定的安全感,学生们也在和同学的探讨中逐渐修缮重塑着自己对父母表达爱的方式。

那一周的星火日记撰写,我布置了任务让学生们回家用自己最"靠谱"的方式向父母传递爱意,观察并记录下父母的表现和自己的感受,帮助班会课上学会的方法继续被落实深化。

　　同时，班会课的后续也需要关注父母的情感表达，利用家长会、家访、家长群消息等诸多方式将父母对孩子不合理的情感以及孩子能接受的方式做了沟通交流，让父母和学生之间建立起顺畅的沟通交流纽带，有了积极反馈，才能帮助孩子更好地学会爱自己的父母，帮助父母和子女之间的爱意被更加稳定地传递，帮助建立学校教育坚实的大后方！

参考文献

[1] 徐卫.基于班级目标的主题式班级环境建构[J].福建教育,2022(21):22.

[2] 张青.自我教育:教育的理想境界——由苏霍姆林斯基的自我教育思想说开去[J].基础教育研究,2010(11):5.

[3] 郑日昌,娄骥.孩子注意力不集中,就是注意缺陷与多动障碍吗?[J].心理与健康,2022(2):88.

[4] 王东旭.基于"最近发展区"理论指导下的高中数学教学——以"函数的概念"教学为例[J].教学考试,2020(11):58.

[5] 陈松涛.批判视角下的短视频热[J].2020(15):68.